Carola Siedhoff

Glücksorte in Lüneburg & der Lüneburger Heide

Fahr hin & werd glücklich

Dieses

Glücksbuch

ist für

Liebe Glücksuchende,

„Die schönste Stadt der Welt liegt an der Ilmenau!“ So besingt die Band „Top for Tea“ ganz selbstbewusst Lüneburg. Und Lüneburg überzeugt in der Tat mit einem ganz besonderen Charme.
Dazu gehört eine Mischung aus historischem Altstadtkern und moderner Universitätsstadt mit eigener Kunstszene.
Das Besondere an Lüneburg ist wohl, dass es zwar eine Stadt mit immerhin rund 75.000 Einwohnern ist, gleichzeitig aber auch für Einheimische wie Besucher ein außergewöhnliches Erholungsgebiet mit dem Kalkberg, dem Kreidebergsee, der Ilmenau und natürlich der angrenzenden Lüneburger Heide. Diese hat sich längst zu einer Erlebnisregion mit großer Vielfalt entwickelt. Hier gibt es für jeden Geschmack etwas, von Freizeitparks, Wildparks über Sportstätten bis hin zu kleinen verschlafenen Heidestädtchen und schönen Wanderwegen mitten in der Natur. Herrlich anzusehen ist natürlich immer wieder die Zeit der Heideblüte im August und September, wenn die Heideflächen lilafarben leuchten. In der Lüneburger Heide findet jeder seine persönlichen Glücksorte.

Ihre Carola Siedhoff

Deine Glücksorte …

... noch mehr Glück für dich

"Glück"

Frisch & regional

1 Der Lüneburger Wochenmarkt

Ein Wochenmarkt als Glücksort? Der Lüneburger Wochenmarkt auf dem Marktplatz vor der wunderschönen Kulisse des Rathauses ist kein gewöhnlicher Wochenmarkt, sondern eine Institution, denn er existiert bereits seit 1350, wie aus Dokumenten des Stadtarchivs hervorgeht. Schon damals wurden immer mittwochs Lebensmittel feilgeboten. An über 50 Ständen gibt es alles: Obst, Gemüse, Blumen, Käse, Fisch und Wurst von urigen Bauernoriginalen und immer freundlichen Händlern. Besonders schön ist der Markt im Frühling, wenn die Bauern ganze Kisten mit Stiefmütterchen oder Primeln verkaufen. Bis heute hat er die Tradition des „Grünen Marktes“ bewahrt. So überwiegen Pflanzen und Lebensmittel an den Verkaufsständen. Viele Produkte sind regional, von Landwirten und Erzeugern aus dem Umland, Obstbauern aus dem Alten Land und Kartoffel- und Spargelbauern aus der Heide. Auch das Bio-Sortiment hat sich in den letzten Jahren immer mehr erweitert. Ein kleiner Tipp: Am Sülfmeistergrill von Sylvia Olma bekommt man die spezielle Lüneburger Sülfmeisterbratwurst und bei der Rossschlachterei Olma, einem Familienunternehmen aus Lüneburg, Fleisch und Wurstwaren vom Ross nach alten Rezepten. Noch 1974 stand es schlecht um den Marktplatz. Damals war hier eine Tiefgarage geplant, was wohl auch für den Wochenmarkt das Aus bedeutet hätte. Es entstand die Bürgerinitiative „Rettet den Lüneburger Markt“. Am 9. August 1974 trugen die Marktstände Trauer in Form schwarzer Fahnen, und ein Sarg mit der Aufschrift „Beerdigung des Marktes“ wurde symbolisch zu Grabe getragen. Die Marktbeschicker gründeten einen Verein, der den Wochenmarkt rettete. 2015 feierte er sein 40-jähriges Bestehen. Und so kann man noch heute über den Markt, der immer mittwochs und sonnabends von 7 bis 13 Uhr stattfindet, bummeln und sich an den frischen und regionalen Produkten erfreuen.

● Lüneburger Wochenmarkt, Am Markt, 21335 Lüneburg
www.lueneburger-wochenmarkt.de
● ÖPNV: Bus 5002, 5005, 5009, 5013, 5014,
Haltestelle Lüneburg Rathaus oder Am Ochsenmarkt

RATSKELLER

Im Glücksrausch

2 Heide Park Resort Soltau

Ein Ort, der Groß und Klein glücklich macht, ist das Heide Park Resort in Soltau, der zweitgrößte deutsche Freizeit- und Themenpark auf einer Fläche von 850.000 Quadratmetern. Wer in der Lüneburger Heide Urlaub macht, sollte unbedingt einen Spaß-Tag hier einplanen. Insgesamt gibt es 40 Fahrgeschäfte. Die Hauptattraktionen sind der „Colossos", eine Holzachterbahn, sowie der Freifallturm „Scream". Für beides braucht man aber starke Nerven. Der Park hat sich in den Jahren zu einem Themenpark entwickelt. Seit 2010/2011 gibt es die vier Themenbereiche „Bucht der Totenkopfpiraten", das „Land der Vergessenen", „Transsilvanien", „Wild Wild West", und 2016 ist der Bereich „Drachenzähmen – Die Insel" dazugekommen. Für die ganz Kleinen wurde 2018 das „Peppa Pig Land" neu eröffnet. Sogar übernachten kann man im Resort. Es gibt ein Abenteuerhotel und ein Holiday Camp mit Holzhäuschen und Übernachtungsmöglichkeiten in gemütlichen Bulli-Wagen. Das Heide-Park-Resort bietet verschiedene Veranstaltungen an, wie den Zombie Escape oder die Halloween Nacht zum Gruseln, aber auch die Pyro Games, und in langen romantischen Sommernächten ist der Park an einigen Terminen bis 22 Uhr geöffnet.
Man kann es sich kaum mehr vorstellen, aber ursprünglich gehörte das Gelände den Tieren und dem Wildpark Heidenhof, der in den 1960er- Jahren eröffnet wurde. 1978 wurde das Grundstück an die Schaustellerfamilie um Hans-Jürgen Tiemann verkauft. Am 19. August 1978 eröffneten sie den „Heide Park" mit sechs Fahrgeschäften. Auf dem Gelände befindet sich immer noch die Heidenhof-Kapelle von damals. Sie wurde 1350 als Messe- und Betkapelle errichtet und ist seit 2007 ein „Offener Raum der Stille". Hier darf sogar geheiratet werden. Im Kaufvertrag von 1978 war vereinbart worden, dass sie nicht abgerissen werden darf. Wer also einen ruhigen Ort im Trubel sucht, ist hier genau richtig. Sehenswert ist sie allemal.

● Heide Park Resort, Heide Park, 29614 Soltau
www.heide-park.de
● ÖPNV: Bahnhof Soltau (Han), dann Bus 154, Haltestelle Soltau, Heide Park Resort

Hinterhof mit Geschichte

3 Die Druckerei Stern in Lüneburg

Wer den Hinterhof Am Sande 31 betritt, fühlt sich in eine andere Welt versetzt. Es ist ein Ort von historischer Bedeutung und gleichzeitig ländlich idyllisch. Nur wenige Touristen verirren sich hierher. Zwischen restaurierten Fachwerkgiebeln, einer Mauer mit Rundbogen und wunderschönen alten Bäumen und Pflanzen fällt der Blick auf die St. Johanniskirche, ein geheimer Blick auf Lüneburg von hinten. Irgendjemand hat sich vor seiner Tür eine kleine, gemütliche Sitzecke eingerichtet. Die Zeit scheint in diesem Winkel Lüneburgs stehengeblieben zu sein, obwohl nur ein paar Schritte entfernt Am Sande das Leben tobt, Leute im Restaurant sitzen oder ihren Einkäufen nachgehen. Der Hinterhof ist ein ruhiger Glücksort im Getümmel und der Besitzer der gemütlichen Sitzecke einfach nur zu beneiden, hat er sich doch einen Platz in einer geheimen Welt ganz für sich erschaffen.
Bis 1982 hatte hier die Stern'sche Druckerei für mehr als 350 Jahre ihren Standort. Sie ist die älteste in Familienbesitz befindliche Druckerei der Welt. Ihre Geschichte begann 1580 mit einer Buchbinderei und Buchhandlung. 1614 gründeten Johann und Heinrich Stern aus Bevensen ihre Buchdruckerei, bekannt für kunstvolle Bibeldrucke. Ihr erstes Werk war eine Ausgabe der Lutherbibel. Die Druckerei wuchs schnell. 1800 waren schon sieben Buchdruckpressen im Einsatz. Außer Bibeln wird auch die „Lüneburger Landeszeitung" gedruckt, die seit 1949 erscheint und heute „Landeszeitung für die Lüneburger Heide" heißt. Aus Platzgründen ist die Stern'sche Druckerei nun in der Zeppelinstraße im Gewerbegebiet Lüneburgs zu finden, wohin sie 1982 umzog. Sie wird inzwischen in vierzehnter Generation geführt und ist mittlerweile hochmodern mit einem Maschinenpark ausgestattet. Im Eingangsbereich sind noch alte Truhen und Gemälde und eine Ahnengalerie mit den Firmengründern Johann und Heinrich von Stern zu finden. Am alten Standort Am Sande 31 weist nur ein Mosaik im Gehweg mit der Aufschrift „Sternsche Buchdruckerei – 1614" auf die geschichtsträchtige Firma hin.

● Innenhof der ehemaligen Druckerei Stern, Am Sande 31, 21335 Lüneburg
● ÖPNV: Bus 5009, 5300, 5015, Haltestelle Am Sand

Vom Glück des Wassers

4 Elbfähre Bleckede

Auch eine kleine „Schifffahrt" ist in der Lüneburger Heide möglich, eine ganz kleine, um genau zu sein. Von Bleckede geht es mit der Elbfähre „Amt Neuhaus" in fünf Minuten über das Wasser nach Neu Bleckede. Hier ist der Weg das Ziel – der Genuss von ein paar Minuten auf einer Fähre mit bewegter Geschichte mitten auf der Elbe. Gleichzeitig verbindet die Fähre den Landkreis Lüneburg mit einem ehemaligen Fleckchen der DDR auf der anderen Flussseite. Eine Fährverbindung zwischen Bleckede und Neu Bleckede gibt es seit der Kaiserzeit, ca. 1888. Am Anfang existierte nur eine Schrickfähre, bei der mit Staken (Bewegung durch lange Stangen) oder Rudern gearbeitet wurde. Nach dem Zweiten Weltkrieg wurde der Fährverkehr durch die deutsche Teilung eingestellt, doch 1989, nach der Wende, rasch wieder aufgenommen. Heute gehört Neu Bleckede, zu DDR-Zeit Kreis Hagenow, wieder zu Niedersachsen.

Mitgenommen werden Fußgänger, Fahrräder und Autos. Besonders zu empfehlen ist die Fahrt mit dem Fahrrad, kann man doch in Neu Bleckede gleich zu einer kleinen Tour starten. Da Neu Bleckede direkt an der Grenze lag und kaum besiedelt wurde, findet man hier noch viel ursprüngliche Natur. Mit Glück sieht man Störche und im Herbst und Frühjahr nordische Gänse und Kraniche. Bis nach Darchau kann man direkt an der Elbe weiterradeln und von dort die Elbe wieder mit der Fähre Darchau überqueren.

Die Fähre Amt Neuhaus, 1939 gebaut, hat eine bewegte Vergangenheit. Ende der 1960er-Jahre wurde sie in die Niederlande verkauft und 1990 zurückgekauft. Bei der Überführung geschah ein Unglück, und die Fähre sank in einem Sturm in der Nordsee, konnte aber aus 23 Metern Tiefe geborgen und wiederhergestellt werden. Inzwischen ist eine neue Elbfähre beschlossene Sache, und die 80 Jahre alte Fähre darf bald in den Ruhestand. Gewünscht wird von der Stadt Bleckede eine moderne Solar-Fähre, alles befindet sich schon in Planung.

TIPP

Den Hafen in Bleckede läuft auch der historische Raddampfer Kaiser Wilhelm an.

- Elbfähre „Amt Neuhaus", Elbstraße 11, 21354 Bleckede
- ÖPNV: Bahnhof Lüneburg, dann Bus 5100, Haltestelle Bleckede

Blütenzauber & Sonnenuhr

5 Der Heidegarten in Schneverdingen

„Mach es wie die Sonnenuhr, zähl die heitren Stunden nur!“, so heißt es in einem alten deutschen Sprichwort. Und in der Tat: Im Heidegarten in Schneverdingen lassen sich schöne Stunden verbringen. Hier steht Deutschlands größte Sonnenuhr. Sie wurde vom Schneverdinger Lions-Club zum Heideblütenfest 2004 errichtet und im April 2005 offiziell der Stadt übergeben. Die Spitze der Sonnenuhr zeigt direkt auf den Polarstein im Norden. Die Sonnenuhr ist 16,5 Meter hoch und hat einen Durchmesser von 30,5 Metern. Das Ziffernblatt wird durch Findlinge angezeigt. Gleich neben der Uhr liegen das Arboretum, in dem seit 1999 jedes Jahr der „Baum des Jahres“ angepflanzt wird, sowie der wunderschöne Heidegarten mit rund 180 verschiedenen Heidesorten, von denen zu jeder Jahreszeit eine blüht. Insgesamt stehen hier über 150.000 Pflanzen. Den schönsten Blick auf das bunte Heideparadies hat man im August vom Aussichtsturm. Der Heidegarten, einmalig in Deutschland, wurde bereits 1990 angelegt und liegt am Südrand des Landschaftsschutzgebietes „Höpener Heide und Höpener Berg“. Im Sommer werden zweistündige geführte Wanderungen durch den Garten mit interessanten Erklärungen angeboten. Der Heidegarten kostet keinen Eintritt und ist auch für Familien mit kleinen Kindern und Rollstuhlfahrer geeignet, denn überall gibt es Bänke zum Ausruhen und Genießen. Hier kann man im Sommer auch eine große Anzahl an Insekten bewundern, die sich auf die Heide spezialisiert haben. Dazu gehören Wildbienen, Laufkäfer, Heuschrecken und Schmetterlinge. Und noch etwas ist im Heidegarten zu spüren, der erdige und herbe Duft, der in der Luft liegt. Ein besonders gemütlicher, schöner Ort ist der Schafstall im Heidegarten. Hier weiden nicht etwa Schafe, sondern man trifft im Garten des Restaurants ausschließlich hungrige Zweibeiner an. Das Gebäude ist urig, und die Sommerterrasse bietet einen schönen Blick auf die Heidelandschaft. Der Schafstall ist auch offizielle Zweigstelle des Schneverdinger Standesamtes.

- Heidegarten, Schaftrift, 29640 Schneverdingen und Schafstall, Overbeckstraße, 29640 Schneverdingen, www.schafstall-schneverdingen.de
- ÖPNV: Bahnhof Schneverdingen, dann Bus 6110, Haltestelle Schneverdingen, Am Brink (plus 20 Min. Fußweg)

Geheimnisvoll & spannend

6 Der Märchenwanderweg in Jesteburg

Wer ausgiebige Spaziergänge mit Kind oder Hund oder auch alleine liebt und dabei in einen „echten" Märchenwald eintauchen möchte, ist in Jesteburg genau richtig. Im Klecker Wald beginnt am „Lohof" der 3,2 Kilometer lange Märchenwanderweg. Auf der Strecke begegnen einem liebevoll geschnitzte und bemalte Holzfiguren, Fliegenpilzhäuser, verzauberte Frösche und weise Schlangen. Auf dem Weg gibt es zwanzig verschiedene Mitmach-Aktionen, fünf davon sind zum Klettern und Balancieren. Ein zerbrochener Zauberstab zeigt stets die Richtung an. Der Weg ist ganzjährig geöffnet und an wunderschönen Sommertagen ein echter Glücksort, aber auch im Herbst und Winter einfach traumhaft, „zaubert" der Wald dann eine besonders märchenhafte und ein bisschen gruselige Stimmung. Gibt es eine bessere Möglichkeit, vom Alltag abzuschalten?

TIPP
Immer Ende Oktober findet im Hofcafé das Laternenfest mit Märchenwanderung statt.

Der Wanderweg bezieht sich auf das Märchen „Der Trickser". Text und Idee sind in einer sechsten Klasse der Realschule Neu Wulmstorf entstanden, und die Umsetzung wurde vom Lions Club ermöglicht. Der Trickser hat den Zauberstab eines Dorfes zerstört und damit zwischen Elfen, Zwergen und Kobolden einen Streit ausgelöst, dass sie nicht mehr friedlich zusammenleben können. Die drei Freunde, die Elfe Pinki, der Zwerg Zipfel und der Kobold Keril, wollen dies ändern und begeben sich auf die Suche nach einem neuen Zauberstab. Dafür müssen sie sieben Zutaten finden und verschiedene Abenteuer bestehen, was auch für die Besucher des Weges gilt. Auf dem Märchenwanderweg wird es einem nie langweilig, da alle 200 bis 300 Meter eine neue Station oder ein Ereignis warten. Zur Stärkung nach dem aufregenden Spaziergang eignet sich das Hof-Café im Lohofer Speicher, dem Ausgangs- und Endpunkt. Im Café im historischen Gebäude, idyllisch am Bendestorfer Forst gelegen, gibt es fantastischen selbstgemachten Kuchen und Bio-Eis. Noch ein kleiner Tipp: Auf dem Märchenwanderweg gibt es auch einen versteckten Geocache. Der Weg ist ganzjährig geöffnet und der Eintritt ist frei.

● Märchenwanderweg, Lohof 1, 21266 Jesteburg
www.jesteburg-touristik.de
● ÖPNV: Bahnhof Hamburg-Harburg, dann Bus 4148, Haltestelle Lohof

Ein Traum für alle Schuhfans

7

Das Schuhmuseum Hittfeld

Von glitzernden Pumps von der Reeperbahn bis zu verzierten Hochzeitsschuhen aus Marokko, im privaten Museum von Ingrid und Fritz Dehrmann werden Schuhträume wahr. Hier gibt es so viel zu entdecken, dass man nur staunen kann. Das Schuh-Museum ist liebevoll eingerichtet, und zu seinem Charme tragen auch die Besitzer Ingrid und Fritz Dehrmann bei, die persönlich durch ihr Reich führen und so manche Anekdote erzählen. So zum Beispiel die Geschichte mit den besonders großen Fußabdrücken: Das außergewöhnliche Paar Schuhe war für die Elefantendame Moni, die im Jahr 1965 einen besonderen Auftritt in der Fernsehshow von Peter Frankenfeld hatte, in Schuhgröße 108. „Wir haben uns gut verstanden, die Moni und ich", erzählt Fritz Dehrmann. Bei der Schuhausstellung in Wiesbaden 1989 gewann er die Goldmedaille im internationalen Schuhwettbewerb. Davon zeugen Schuhe mit Abdrücken von Münzen in der Sohle, die so echt aussehen, als wären wirklich Geldstücke eingearbeitet worden. Neben besonderen Schuhen mit Geschichte haben die Dehrmanns die Cowboystiefel der Countryband „Truckstop" im Regal stehen. Ob das Lied von Truckstop mit dem Titel „Mein Stiefel kommt in' Himmel zum Besohlen" Fritz Dehrmann gewidmet ist, ist heute nicht mehr nachvollziehbar. Mit den Gründungsmitgliedern verband den Schuhmacher aber eine lange Freundschaft. Auch altes Schusterwerkzeug gibt es zu bestaunen und Schuhe aus außergewöhnlichen Materialien wie zum Beispiel Autoreifen. Eine original eingerichtete Werkbank erinnert daran, wie vor 60 Jahren Schuhe handwerklich hergestellt wurden. 1960 eröffnete der Schuhmachermeister in Hittfeld seine erste eigene Werkstatt. Seine Frau verkaufte im angrenzenden Laden die Schuhe. Als das Paar nach 50 Jahren in den Ruhestand ging, wurde aus dem Geschäft ein Museum. Bei exklusiven Führungen erzählt er seinen Besuchern heute, wie er früher in Handarbeit die Schuhe gefertigt hat. Und jeden Freitag repariert er immer noch die Lieblingsschuhe seiner Stammkunden.

TIPP

Wer Lust auf einen Besuch hat, kann sich einfach telefonisch anmelden und bekommt eine exklusive Führung von Schuhmachermeister Fritz Dehrmann. Tel.: 04105/52798.

- Schuh-Museum Hittfeld, Bahnhofstraße 14, 21218 Seevetal-Hittfeld www.schuh-museum-hittfeld.de
- Bahnhof Hittfeld, dann Bus 348, Haltestelle Hittfeld Schwarzer Weg

URKUNDE
URKUNDE
ST PAULI
SCHUH-MUSEUM

Weißrosa Blütenzauber

8 Der idyllische Garten vom Lüneburger Rathaus

Jedes Jahr im April und Mai verwandelt sich der Rathausgarten in ein weißrosafarbenes Blütenmeer und versetzt den barocken Gebäudekomplex in einen märchenhaften Zustand. Der Grund dafür sind die wunderschönen Magnolienbäume, die im Rathausgarten blühen. Der ummauerte Garten liegt zur Waagestraße und kann tagsüber besucht werden. Er ist im Frühling ein zauberhafter Ort. Aber auch das Rathaus der Stadt Lüneburg ist einen Besuch wert. Es entstand um 1230 und gilt als größtes mittelalterliches Rathaus in Norddeutschland. Noch heute ist es Hauptsitz von Rat und Verwaltung. Die barocke Fassade wurde um 1720 fertiggestellt, nachdem die gotische Fassade einsturzgefährdet war. Bei einer Führung können die Gerichtslaube, der Fürstensaal, die Bürgermeisterkörkammer (Kör bedeutet Wahl, also die Kammer zur Wahl des neuen Bürgermeisters), das Alte Archiv sowie Kanzlei und Große Ratsstube besichtigt werden. Die Macht der Sülfmeister (Besitzer der Siedepfannen) war damals so groß, dass nur sie in den Rat gewählt werden durften. Besonders spannend ist die sogenannte „Heimlichkeit" in der Gerichtslaube. Die kaum sichtbare, in die Wand eingelassene Tür stellte damals eine Innovation dar, handelte es sich hier doch um die Toilette, die sich mitten im Gebäude befand. Im achteckigen Turm ist ein Glockenspiel aus Meißner Porzellan mit 41 Glocken installiert. Um 8, 12 und 18 Uhr erklingen Lieder des Lüneburger Komponisten Johann Abraham Peter Schulz, am Abend das Lied „Der Mond ist aufgegangen", dessen Text von Matthias Claudius stammt, die Melodie von Schulz. Vor dem Rathaus steht eine Kopie des alten Luna-Brunnens, der 1580 von einem unbekannten Künstler geschaffen wurde. Auf einer Säule ist die römische Mondgöttin Luna dargestellt. Das Lustige an der Geschichte ist, dass die Brunnenstatue aufgrund eines Irrtums errichtet wurde. Im 16. und 17. Jahrhundert glaubten die Einwohner der Stadt, dass Lüneburg früher eine römische Siedlung war und das Wort „Lüne" von dem Wort Luna abgeleitet wurde. Ein Fehler, denn Lüneburg kommt von „Hluini", das Zuflucht bedeutet. Die Lunastatue im Brunnen durfte trotzdem bleiben.

● Lüneburger Rathaus, Ochsenmarkt 1, 21335 Lüneburg
● ÖPNV: Bus: 5002, 5005, 5009, 5013, 5014,
Haltestelle Lüneburg Rathaus oder Am Ochsenmarkt

Kuschelige Lieblingsstücke

9 Das Fellhaus von Fintel in Schneverdingen

Ein Glücksort für alle, die warme und kuschelige Dinge mögen, und gleichzeitig ein Familienunternehmen mit über 50-jähriger Tradition ist das Fellhaus von Fintel. Im Geschäft bedient sie die Inhaberin, Heidrun von Fintel, persönlich, und sie weiß viel zu erzählen über die Felle, die sie schon ihr ganzes Leben lang begleiten. Felle gehören übrigens zur ältesten Kleidung des Menschen. Schon die Neandertaler vor ca. 130.000 Jahren trugen Tierfelle, um sich warm zu halten. Später wurden die Felle bearbeitet und daraus solche mit verschiedenen Farben und Mustern hergestellt. Das Fellhaus von Fintel wurde 1963 von Heidruns Mutter Lili-Waltraud von Fintel gegründet. Bereits zuvor hatte die findige Geschäftsfrau begonnen, vor ihrem Haus eine Auswahl an Heidschnuckenfellen zu verkaufen. Ihr Mann Friedo Christoph von Fintel konnte mit seinem Wissen viel dazu beitragen, war er doch in der Leder- und Häutebranche tätig. Beider Tochter Heidrun wuchs quasi im Geschäft mit den Fellen auf. Heute führt sie das Fellhaus mit Begeisterung und Fachwissen. Das Geschäft ist an sich schon einen Besuch wert. Es kann einfach mit den Begriffen „urig“ und „familiär“ bezeichnet werden, nicht nur von innen, sondern auch schon von außen. Am Eingang begrüßt den Besucher ein riesiger Bär. Innen ist alles liebevoll dekoriert und strahlt Wärme sowie den typischen „Heidjer-Charme“ aus. Heidjer ist eine liebevolle plattdeutsche Bezeichnung für die Bewohner der Lüneburger Heide. Die Auswahl erstreckt sich über drei Etagen und ist riesig. Kuschelige Felle gibt es hier schon für Babys erste Lebensjahre. Vom echten Heidschnuckenfell aus der Lüneburger Heide, über heimische Schaffelle bis zu Fellen aus Neuseeland und von naturfarben bis eingefärbt findet man hier alles. Auch Rentierdecken und Ziegenfelle gehören zum Sortiment. Ein Heidschnuckenfell ist immer noch ein beliebtes Mitbringsel aus der Lüneburger Heide. Aber auch Heidehonig und Heidelbeerwein gibt es hier zu kaufen. Das Fellhaus bringt einen zum Staunen.

● Fellhaus von Fintel, Harburger Str. 27, 29640 Schneverdingen
www.fehllhaus-von-fintel.de
● ÖPNV: Bahnhof Schneverdingen, Bus 6110,
Haltestelle Schneverdingen Bergstraße

EINGANG
VERKAUF
durchgehend
geöffnet
Honig
vom Imker
Ein Produkt der
Fellhaus
Naturfelle aller Art
Top Leder-u. Lammfell-

Kreative Leckerbissen

10 Das Projekt Kulturbäckerei in Lüneburg

Es ist eine wunderschöne Idee, die hier in Lüneburg umgewandelt wurde und von Kunstinteressierten unbedingt besucht werden sollte, die Kulturbäckerei auf dem Gelände der ehemaligen Bundeswehr-Standortverwaltung. Es gibt wohl keinen besseren Einblick in die aktuelle Kunstszene der Stadt als hier in der Kulturbäckerei. Insgesamt stehen zwölf Ateliers auf 1500 Quadratmetern Fläche zur Verfügung sowie ein Theatersaal im Erdgeschoss. In den 1930er-Jahren wurde in der ehemaligen Heeresbäckerei noch Brot für Soldaten gebacken, entstand hier doch im Jahr 1936 ein Heeresverpflegungsamt mit einem Getreidespeicher, einem Bäckereigebäude und einem Kohlemagazin im Keller. Nach dem Zweiten Weltkrieg wurde das Gelände von der Bundeswehr als Standortverwaltung genutzt, die Bäckerei aber nicht wieder in Betrieb genommen. Im Jahr 2014 ist hier in der ehemaligen Bäckerei ein Ort für Kunst und Kultur geschaffen worden. Sie dient jetzt als offenes Haus und Begegnungsstätte für Einheimische und Kulturschaffende. Theaterinitiativen, freie Künstler, Kunsthandwerker, Bildhauer und Medienschaffende haben hier Raum für ihre Arbeiten gefunden. Im Sommer findet ein spannendes Programm im Außenbereich vor der Kulturbäckerei statt. Besucher finden drinnen und draußen schöne (Sitz-) Plätze, um Kunst ausgiebig zu betrachten, Künstler bei ihrer Schaffensphase zu beobachten oder Theatervorführungen zu genießen. In den Ateliers stellen Künstler Malerei, Mode, Schmuck, Bildhauerei oder auch Fotografien aus. Es gibt ein buntes Theaterprogramm für Erwachsene und Kinder sowie verschiedene wechselnde Veranstaltungen. Auch Kunstkurse können hier belegt werden, und im Obergeschoss ist die Kunstschule Ikarus für Kinder untergebracht, ein ehrenamtlich geführter Verein. Der alte Backofen mit seinen schwarzen Gusseisenklappen im Erdgeschoss ist die einzige Erinnerung an die Vergangenheit. Eine Bäckerei gibt es im Gebäude nicht mehr, aber leckeren selbstgebackenen Kuchen gibt es direkt nebenan im Speicherhaus Café. Die Kulturbäckerei ist ein Non-Profit-Projekt. Der Eintritt ist kostenlos.

- Kulturbäckerei, Dorette-von-Stern-Straße 2, 21337 Lüneburg
  www.kulturbaeckerei-lueneburg.de
- ÖPNV: Bus 5007, 5015, 5918, 5920, 5931, Haltestelle Henningstraße

Dinge fürs Herz

11 Flohmarkt Sülzwiesen

Wessen Herz für Trödel und alte Dinge schlägt, wird hier sein Glück finden. Von Mai bis Oktober einmal im Monat, immer an einem Samstag, wird auf der großen Freifläche südlich des Kalkbergs einer der größten Flohmärkte der Region veranstaltet. Frühes Aufstehen lohnt sich, denn um sechs Uhr morgens sind die besten Schnäppchen zu machen. Von Omas Geschirr über Lampenschirme, alten Schmuck, Kinderspielzeug und alte Gemälde ist hier alles zu finden. Zwei bis drei Stunden Zeit muss man schon einplanen, um das Gelände zu erkunden. An extra Ständen wird Hunger und Durst gestillt, und für Kinder gibt es ein Karussell. Hier finden sich oft längst vergessene Dinge, zum Beispiel aus der eigenen Kinderzeit, wieder und lassen den Besucher in Nostalgie schwelgen. Die Händler sind zum Schwätzchen bereit und erklären, woher ihre Funde stammen. Angenehm ist auch, dass noch nicht so viele professionelle Händler wie in anderen großen Städten Handyequipment oder anderes Plastikzeug verkaufen. Es herrscht kaum Gedränge, denn man hat viel Platz zum Schlendern über die Sülzwiesen.

Wer anschließend noch in die Altstadt möchte, ist schnell dort. Von den Sülzwiesen ist sie in nur sieben Minuten Fußweg erreichbar. Eine Shoppingtour durch die schönen Fußgängerzonen, wie zum Beispiel die Kleine und Große Bäckerstraße oder die Kuhstraße, bietet sich an.

Die Sülzwiesen sind übrigens der Hauptveranstaltungsort in Lüneburg. Hier finden der Frühjahrsmarkt und auch das Oktoberfest statt. Gleichzeitig sind sie ein beliebter Wohnmobilstellplatz und auch Parkplatz mit ausreichend Platz für die Autos der Touristen. Der Name Sülze kommt von dem althochdeutschen Wort „sulza", was so viel wie Salzwasser bedeutet. Der Name Sülzwiesen wurde nach einem Beschluss von 1925 festgelegt. Hierbei handelt es sich um den alten Flurnamen für den Grund zwischen Kalkberg und Saline. Die Sülzwiesen waren einst von den Bächen Sülzbeke und Hingstbeke durchschnitten und durch ein stehendes Gewässer abgesondert.

TIPP

Lüneburger Frühjahrsmarkt Ende April/ Anfang Mai. Am ersten Veranstaltungstag mit Höhenfeuerwerk.

- Flohmarkt auf den Sülzwiesen, Am Grasweg, 21339 Lüneburg
- ÖPNV: Bus 5002, 5005, 5009, Haltestelle Lambertiplatz

GANIC BANANAS

Kunst zum Ausleihen

12 Ratsbücherei Lüneburg

Kunst macht glücklich und öfter mal ein neues Gemälde im eigenen Zuhause erst recht. Mit der Artothek bietet die Ratsbücherei Lüneburg die einmalige Gelegenheit, Kunstwerke namhafter junger Künstler ins eigene Wohnzimmer zu holen. Unterstützt wird sie von der Sparkassen Stiftung Lüneburg, die jährlich Neuanschaffungen finanziert. Eine tolle Idee. Von Lithografien, Siebdrucken, limitierten Drucken bis hin zu Radierungen, aber auch Skulpturen und Holzschnitten, alles kann für die eigenen vier Wände ausgeliehen werden. Dafür braucht man nur einen Bibliotheksausweis der Bücherei. Bis zu drei Kunstwerke können vorbestellt werden, und bereits am nächsten Tag kann man sie gerahmt für sechs Monate mitnehmen. Im Online-Katalog kann man zuvor schauen, was einem gefällt und was gut an die eigene Wand passen würde. Monatlich wechselnde Ausstellungen der Künstler finden zudem in den Räumen der Ratsbücherei statt. Aber auch wer keinen Bibliotheksausweis hat, sollte einen Blick in die Ratsbücherei werfen. Sie zählt mit ihren über 600 Jahren zu einer der ältesten Stadtbibliotheken Deutschlands. Gegründet wurde sie im Jahr 1493. Und wo findet man sonst eine Bibliothek in den Mauern eines Klosters? Stimmungsvoll ist das Gebäude bis heute. Im Erdgeschoss ist eine gotische Halle mit Kreuzgewölben erhalten. Durch eine Glastür hat man den Blick auf den Rest des Kreuzganges, wo sich heute die Handschriftensammlung der Bibliothek befindet. Eine gemütliche Sofaecke lädt zum „Schmökern" vor Ort ein. Gegründet wurde die Ratsbibliothek als „des rades liberie" und zunächst im Rathaus untergebracht. Mit Aufhebung des Lüneburger Franziskanerklosters 1555 wurde sie mit der Klosterbibliothek zusammengelegt und fand im ehemaligen Klostergebäude ihren neuen Standort. Heute hat sie zwei Außenstellen: In den ehemaligen Pfarrwitwenwohnungen, „Auf dem Klosterhof" Am Ochsenmarkt 1, herrscht buntes Leben, denn hier befindet sich jetzt die Kinder- und Jugendbücherei der Ratsbibliothek. Die zweite Außenstelle ist die Stadteilbücherei Kaltenmoor.

● Ratsbücherei Lüneburg, Am Marienplatz 3, 21335 Lüneburg
www.hansestadtlueneburg.de

● ÖPNV: Bus 5002, 5005, 5009, 5013, 5014, Haltestelle Rathaus Lüneburg

Das „weiße Gold“ Lüneburgs

13 Das Deutsche Salzmuseum

Dieser Ort ist der Glücksort Lüneburgs schlechthin: Das Deutsche Salzmuseum, denn Lüneburg hat seinen Reichtum dem Salz zu verdanken. Das Museum befindet sich im ehemaligen Siedehaus und entstand 1980 nach der Stilllegung der Saline am Ort der alten Produktionsstätten. Ebenfalls dazu gehört der ehemalige Eselstall, der für Sonderausstellungen genutzt wird. Herzstück des Museums ist die 20 Meter lange und acht Meter breite Siedepfanne, die letzte erhaltene Pfanne der Lüneburger Saline. In einer nachgebauten mittelalterlichen Siedehütte finden spannende Vorführungen der mittelalterlichen Salzgewinnung statt. Im Museum wird deutlich, welches Glück die Entdeckung des Salzes der Stadt gebracht hat. Dabei war es der Sage nach eine Salzsau mit durch Salz weiß verfärbtem Fell, die die Solequelle entdeckt haben soll und Jäger an ihre Quelle geführt hat. Die erlegte Wildsau wurde übrigens nicht gegessen, sondern aufbewahrt. Im Lüneburger Rathaus hängt in der Alten Kanzlei ein gläserner Kasten mit dem Schulterknochen der Salzsau.

Im Deutschen Salzmuseum kann nach Anmeldung jeder zum ehrwürdigen Sülfmeister werden und das Salz in der Salzküche in kleinen Pfannen selbst sieden. Stolz ist der, der das „weiße Gold“ Lüneburgs schließlich in der Hand hält. Sülfmeister war in Lüneburg ein sehr angesehener Beruf, zu dessen Ehren jedes Jahr im Herbst die Sülfmeistertage gefeiert werden. Zum Museum gehört noch ein ganz besonderer Ort: Das Brunnenhaus der Saline. Ihm hat Lüneburg seinen Reichtum zu verdanken. „Glück auf!“, dieser alte Bergmannsgruß steht heute noch auf dem Brunnenhaus geschrieben. Das Gebäude, 1832 nach einem Entwurf des Salinen- und Klosterbauinspektors Friedrich Heinrich Laves aus Ratzeburg erbaut, steht direkt über dem Solebrunnen, in dem die unterirdischen Solequellen liegen, ursprünglich durch Stollen bergmännisch erschlossen. Bis 1961 wurde aus dem Brunnen die gesamte Sole für die Salzgewinnung in Lüneburg gepumpt. Heute wird hier nur noch die Sole für die Salztherme SaLü zu Tage gefördert. Das Brunnenhaus gehört zum Deutschen Salzmuseum und steht dort schräg gegenüber.

- Deutsches Salzmuseum, Sülfmeisterstraße 1, 21335 Lüneburg
www.salzmuseum.de
- ÖPNV: Bus 5003, 5007, 5011, Haltestelle Post

»Und sein Weib
sah hinter sich und
ward zur Salzsäule.«
Von einer göttlichen
Stimme ermahnt, sich
ja nicht umzuschauen,
machten sie sich
auf den Weg. Lots Weib
jedoch, von Neugier
gepeinigt, wandte
den Kopf, sah noch
für den Bruchteil
einer Sekunde die
brennende Stadt und
und Salz
erhalt's
Ihr seid
das Salz

Was machen Storch & Biber?

14 Biosphaerium Elbschloss Elbtalaue

Von Lüneburg mit dem HEIDE-EXPRESS ist es nur eine kurze Fahrt in das Elbörtchen Bleckede, welches durch seine Fachwerkhäuser bezaubert. Ein besonders besuchenswerter Ort ist das Biosphaerium Elbtalaue im alten Elbschloss Bleckede. Hier zeigen moderne Informationstafeln die einzigartige Natur der Flusslandschaft Elbe. Neben einer Ausstellung über die Vogelwelt im Verlauf der Jahreszeiten, der Darstellung der Elbe von der Quelle bis zur Mündung und der Aquarienlandschaft gibt es hier zwei besonders sehenswerte Glücksorte: Die Live-Kamera ins Storchennest und die Outdoor Biberanlage. Wo gibt es schon die Möglichkeit, einen Blick in Adebars Nest zu werfen? Von April bis August kann man den Storch und seine Nachkommen beobachten. Das Nest, welches gefilmt wird, liegt auf dem Schornstein einer stillgelegten Bäckerei im Zentrum von Bleckede. Auch einem anderen scheuen Tier kommt man im Biosphaerium ganz nahe, dem Biber. Schon beim Eintreten in das Ausstellungsgebäude „Biberbau" taucht man in eine biberburgähnliche Atmosphäre ein, denn Fußböden und Wände sind in Naturfarben gehalten und mit Lehm verputzt. Draußen in der Biberanlage kann man „Meister Bockert", wie er in Fabeln genannt wird, auch am Tag in seinem natürlichen Lebensraum beobachten.
Das Schloss wurde übrigens auf Resten einer Burg erbaut, die erstmals 1287 erwähnt wurde. Von hier aus hatten die Burgherren eine gute Kontrolle über die Elbe und Zollstelle am Fluss. Einen tollen Blick hat man noch heute vom Rundturm, dem ältesten Teil des Elbschlosses. Das Schloss wurde 2000 umfassend saniert und zum Sitz des Informationszentrum für das Biosphärenreservat Niedersächsische Elbtalaue sowie der örtlichen Tourist-Information. Im SchlossCafé Bleckede gibt es nach dem Besuch des Biosphaerium die Möglichkeit einer kleinen Stärkung mit ausgewählten Köstlichkeiten aus eigener Herstellung, selbstgebackenen Kuchen und Waffeln. Im Sommer lässt es sich dabei wunderbar draußen im idyllischen Schlosshof sitzen. Wunderschön ist auch ein Spaziergang vom Café über den Steg direkt ins Biospährenreservat.

- Biosphaerium Elbtalaue, Schlossstraße 10, 21354 Bleckede
  www.biosphaerium.de
- ÖPNV: Bahnhof Lüneburg, dann Bus 5100, Haltestelle Bleckede

Schiefer Turm von Lüneburg

15 Die St. Johannis Kirche

Egal wie man schaut und steht oder gar den Kopf neigt, der Turm bleibt schief. Der Turm von St. Johannis ist während des Baus um 1384 nach Westen hin 2,20 Meter von der Mitte abgekommen. Noch heute wird den Besuchern bei einer Lüneburg-Führung die Legende von dem Baumeister erzählt, der den schiefen Turm errichtete. Der arme Mann stürzte sich, nachdem er sah, was er angerichtet hatte, voller Scham durch ein Fenster des Turms in die Tiefe. Allerdings überlebte der Unglückliche den Sturz, denn er fiel von dem 108 Meter hohen Turm auf einen vorbeifahrenden Heuwagen. Um sein Glück gebührend zu feiern, betrank er sich der Legende nach in einer Kneipe, fiel dort von einer Bank und brach sich das Genick, woran er starb.

Einen Turmbläser gibt es auch noch. Jeden Morgen um neun Uhr klingt ein Choral vom Glockenturm und begrüßt die noch verschlafene Stadt. Der Turm ist übrigens in Gruppen und nach Voranmeldung zu besichtigen. Die Turmführergilde bietet Führungen über den Dächern Lüneburgs von verschiedenen Kirchtürmen an. Ein einmaliges Erlebnis ist eine Führung in der Adventszeit, in der man von den Kirchtürmen der Salzstadt einen herrlichen Blick auf das weihnachtliche Lichtermeer hat. Aber auch ohne Turmführung lohnt sich der Besuch der St. Johannis Kirche mit ihrem berühmten Hochaltar mit Gemälden von Hinrik Fundhoffs und einer prächtigen Barockorgel in einem beeindruckend großen Kirchenschiff. Die Kirche ist ein stiller Zeuge vom einstigen Reichtum der Stadt. Der junge Johann Sebastian Bach lernte hier das Orgelspielen und Komponieren. Ausgebildet wurde er von seinem Onkel Georg Böhm, der von 1698 bis 1733 Kantor und Komponist in der St. Johannis Kirche war. Der gebürtige Eisenacher Bach lebte von 1700 an als Schüler der Partikularschule des Michaelisklosters zwei Jahre in Lüneburg.

Die St. Johannis Kirche ist die älteste Kirche Lüneburgs und eine der ältesten Kirchen in Niedersachsen. Sie diente als Vorbild vieler Hallenkirchen in ganz Norddeutschland und ist eins der bedeutendsten Bauwerke der norddeutschen Backsteingotik.

● St. Johannis, Bei der St. Johanniskirche 2, 21335 Lüneburg
www.st-johanniskirche.de und www.quadratlueneburg.de/turmblaeser-st-johannis.html

● ÖPNV: Bus 5009, 5300, 5015, Haltestelle Am Sande

ZONE
frei

Entspannung wie am Meer

16 Die Soltau Therme

Mitten in der Lüneburger Heide, in Soltau, gibt es eine sehr schöne, gepflegte Therme mit modernem Sport- und Außenbecken. Der herrlichste Wohlfühlort ist das Soleaußenbecken mit einer Wassertemperatur um die 30 Grad, wo man in den frühen Morgenstunden im Wasser und Nebeldampf die Massagedüsen fast allein genießen kann oder abends die stimmungsvolle Beleuchtung. Die Sole trägt zur Gesundheit bei, reinigt, entgiftet und schenkt neue Energie. Schön gestaltet sind auch das lichtdurchflutete innere Solebecken mit Aussicht in die Natur und die Saunalandschaft in einem abgetrennten Bereich, ein richtiges Saunaparadies. Hier gibt es drinnen und draußen im eigenen Saunagarten gleich mehrere verschiedene Saunen, wie die Erd-Sauna, Kelo-Sauna, Heide-Sauna, Salzkristall-Sauna oder auch ein Dampfbad. Regelmäßig werden aromatische Aufgüsse mit Lavendel, Orange oder Minze angeboten. Im Sommer erholt man sich wundervoll auf Liegen um das Außenbecken im Saunagarten, im Winter in der oberen Etage des Saunagebäudes. Jeden Samstag und Sonntag um 14.30 Uhr findet in der Birkensauna eine Klangschalen-Zeremonie statt und am ersten und dritten Freitag im Monat startet man in der Cocktail-Therme mit leckeren Cocktails ganz entspannt ins Wochenende. Ein Schwimmbad gab es bereits in den 1950er-Jahren in Soltau, das Böhmewald-Bad. 1990 wurde die neue Therme eingeweiht. Der letzte Umbau fand in den Jahren 2012 bis 2014 statt. Insgesamt ist das Solebecken der Therme 600 Quadratmeter groß. Dazu gehören auch Therapierundbecken, Whirlpoolbecken, ein Soledampfbad und das Gradierwerk. Wer es lieber sportlich mag, findet in der Soltau Therme das neu gestaltete Allwetterbad mit einem 25 Meter langen Schwimmbecken. Das Dach lässt sich hier komplett öffnen, so dass man im Sommer das Gefühl hat, im Freibad zu sein. Im Schwimmbad gibt es auch einen Restaurantbereich mit leckeren Pommes und anderen Kleinigkeiten, um sich zu stärken. Im Wellnesszentrum werden verschiedene Massagen oder sogar ein Kleopatrabad angeboten. Diesen Ort verlässt jeder tiefenentspannt.

● Soltau Therme, Mühlenweg 17, 29614 Soltau
www.soltau-therme-online.de
● ÖPNV: Bahnhof Soltau (Han), dann Bus 205, Haltestelle Am alten Stadtgraben oder Bus 106, Haltestelle Unter den Linden

Jesteburger NussMÄTHchen

17

Die Chocolaterie von Mario Mäth

In Jesteburg werden die süßen „Mäthchen“ mit „th“ geschrieben und zergehen auf der Zunge. Die „nussMÄTHchen“ sind eine Spezialität und eigene Kreation des Chocolatiers Mario Mäth, der in einer kleinen Reetdachkate mitten auf der Jesteburger Verkehrsinsel seine selbst gemachten Pralinen, Petit Fours, Macarons und handgeschöpften Schokoladen verkauft. Und diese Leckereien machen süchtig, süchtig nach dem Glück zartschmelzender Schokolade. Wer Schokolade und andere Süßigkeiten liebt, ist hier im siebten Himmel.
Der gebürtige Hamburger Mario Mäth ist gelernter Konditor und Chocolatier, einer der wenigen in ganz Deutschland, und fertigt nach alter Handwerkstradition Pralinen und Feingebäcke in Handarbeit und unter Verwendung feinster Demeter- und Bioland-Zutaten und fairem Handel in seiner eigenen Manufaktur in Hamburg an. Die Haltbarkeit der Köstlichkeiten ist gewünscht kurz, deshalb kann auch vollständig auf Konservierungsstoffe verzichtet werden. Man hat also immer eine Ausrede parat, um die Leckereien sofort und schnell zu verspeisen. Allerdings erhält man dann die strenge Anweisung des Chocolatiers „Lutschen, nicht beißen!“ Mäth selbst ist ein Original, der sein Handwerk von ganzem Herzen liebt und alle Kunden zuvorkommend bedient. Hier ist der Kunde König und darf natürlich Kostproben nehmen. Und auch für ein Schwätzchen mit seiner Kundschaft hat der Chocolatier immer Zeit. In Jesteburg steht er selbst hinter dem Ladentresen und wiegt die Köstlichkeiten per Hand ab. In der Woche hat der Laden deshalb auch erst ab 15 Uhr geöffnet, am Samstag ab 11 Uhr. Das kleine Geschäft ist eine Besonderheit, denn neben süßen Sachen verkauft er auch handverlesene Geschenkartikel – für besondere Gelegenheiten und Menschen – sowie originelle Stücke, die es nicht an jeder Ecke zu erwerben gibt. Ohne eine Tüte mit Pralinen und ein „nussMÄTHchen“ – sie sind übrigens eine mit Honigschaum gesüßte Mandel-Honig-Tarte und unvergleichlich lecker – verlässt kaum einer das Lädchen.

TIPP
Ein Traum sind auch die Trüffelspezialitäten.

- nussMÄTHchen Chocolaterie & Patisserie Mario Mäth, Hauptstraße 36, 21266 Jesteburg
- Bahnhof Buchholz, dann Bus 4408, Haltestelle Jesteburg Sandbarg

36
chokoladen
Pralinen
Fairtrade
vegan
handgemacht
MÄTH

Wasser marsch!

18 Feuerwehrmuseum Marxen

Der Traum jedes kleinen Jungen und erwachsenen Mannes wird wahr im Feuerwehrmuseum in Marxen. Hitze, knisternde Geräusche und die flackernden Flammen erzeugen ein Gefühl von Abenteuer, weshalb der Beruf des Feuerwehrmannes so viel Ansehen genießt. Aber auch die Technik und vor allem das Wasser aus den Löschschläuchen ziehen Jung und Alt magisch an. Feuerwehrleute sind eben die Helden des Alltags, und im Feuerwehrmuseum kann man mit ihnen was erleben. Immer Anfang Juni findet hier das große Sommerfest in Zusammenarbeit mit der Freiwilligen Feuerwehr Marxen statt, bei dem die Feuerwehrwagen von früher im Einsatz sind. Dabei können die Besucher alte und neue Löschtechniken selbst ausprobieren, wie zum Beispiel die Handdruckspritze „Louise". Historische Uniformen werden vorgeführt und herkömmliche sowie moderne Feuerwehrautos sind zu bestaunen. Gegrillt wird ebenfalls. Gleichzeitig lernt man viel Interessantes über Brandvorbeugung und Brandschutz. Das Museum entstand dank ehrenamtlicher Initiative örtlicher Feuerwehrleute 1987 auf einem privaten Grundstück und zeigt auf rund 750 Quadratmetern die Geschichte der Feuerwehr im Landkreis Harburg (Niedersachsen) vom Anfang des 20. Jahrhunderts bis heute. 1989 wurde es zur Außenstelle des Freilichtmuseums am Kiekeberg und wird heute noch vom Verein „Feuerwehrmuseum im Landkreis Harburg e.V." ehrenamtlich betrieben. Prunkstücke im Museum sind ein Drehleiterwagen von 1928 und die Handdruckspritze „Louise" vom Ende des 19. Jahrhunderts. Wer von Feuerwehrautos nicht genug bekommen kann, findet im kleinen Laden im Eingangsbereich verschiedene Modelle und Bücher zum Thema. Im Sommer gibt es unter dem Motto „Spiel und Spaß im Feuerwehrmuseum" immer besondere Veranstaltungen für Kinder. Da das Museum ehrenamtlich betrieben wird, hat es nur in der Sommersaison von Mai bis Ende Oktober geöffnet. Im Oktober findet ein schöner Saisonabschluss mit einem gemütlichen Beisammensein bei Kaffee und selbstgebackenem Kuchen statt.

- Feuerwehrmuseum Marxen, Hauptstraße 20, 21439 Marxen
  www.feuerwehrmuseum-marxen.de
- ÖPNV: Bahnhof Buchholz, dann Bus 4408, Haltestelle Marxen, Sportplatz

Anno 1903

Idyll an der Böhme

19 Bad Fallingbostel und der Kurpark

Es gibt einen wunderschönen Ort am Flüsschen Böhme, der besonders im Frühling, wenn alles blüht und duftet, kaum zu überbieten ist, und der befindet sich auf den Stufen zur Böhme im Kurpark von Bad Fallingbostel. Hier kann man gut und gerne die Zeit vertrödeln, die schöne Umgebung genießen und vor allem tief durchatmen.

Der Kurpark von Bad Fallingbostel hat aber noch mehr zu bieten. Es gibt den Sebastian Kneipp Kräutergarten auf der Mühleninsel zum Entdecken, Schnuppern und Probieren. Im Sommer blühen hier rund 30 verschiedene Kräuter, u.a. Zitronenverbene, Anis und Thymian. Wer es eher sportlich mag, folgt dem „Green Sport Parcous", einem zwei Kilometer langen Rundweg mit zehn Stationen für Kraft, Ausdauer und Balance oder verausgabt sich im Fitness Park mit vier Fitnessgeräten. Wer Spaß möchte, ist im Barfußpark auf 40 Metern mit 13 verschiedenen Belägen richtig aufgehoben oder geht gleich auf die Minigolf-Anlage mit 13 Bahnen. Auch eine Bootsstation gibt es am Kurpark, die 2018 aber wegen Renovierungsarbeiten geschlossen wurde. Kinder sind mit dem tollen Spielplatz im Kurpark zu begeistern.

Eigentlich ist Bad Fallingbostel kein richtiges „Bad" mehr, seit der Stadt im Juli 2015 diese Anerkennung entzogen wurde. Der Namenszusatz bleibt aber aus Gründen des Bestandschutzes. Bad Fallingbostel liegt verkehrsgünstig zwischen Hamburg, Hannover und Bremen mitten in der Lüneburger Heide. Das Heidestädtchen bietet sich auch für einen kleinen Stadtbummel an. Vorbei kommt man an der St.-Dionysius-Kirche aus dem 19. Jahrhundert und einem Denkmal für den Bürger der Stadt, Heinrich von Quintus-Icilius, einem Verwaltungsjuristen und Politiker. Immer donnerstags findet auf dem Bürgerhof in der Nähe des Kurhauses ein kleiner Wochenmarkt mit regionalen Produkten statt. Ein kleiner Abstecher lohnt sich zum Hof Lüters. Hier werden im Frühling erntefrischer Spargel und andere regionale Produkte und im Winter Martins- und Weihnachtsgänse sowie Weihnachtsbäume verkauft.

- Kurpark, Freudenthalstraße 30, 29683 Bad Fallingbostel
- ÖPNV: Busbahnhof Bad Fallingbostel, dann Bus 511, Haltestelle Bad Fallingbostel Kreisverwaltung

Alles steht kopf

20 Das Verrückte Haus Bispingen

„Ich mache mir die Welt, wie sie mir gefällt", sang schon Pippi Langstrumpf, die Kinderbuchfigur der schwedischen Schriftstellerin Astrid Lindgren. Das scheint auch das Motto im Verrückten Haus zu sein, denn alles steht kopf, was schon mal eine Garantie für Spaß und lustige Selfies ist.

Ein schiefer Rundgang im Außenbereich führt zum Haus, das man dann auch auf etwas wackeligen Beinen erreicht. Bereits von außen ist es sehenswert, denn es steht auf dem Giebel und schwebt zum Teil in der Luft. Ab dem Eingangsbereich wird es richtig spannend. Ein komplettes Einfamilienhaus mit allen Einrichtungsgegenständen wurde hier um 180 Grad gedreht. Sogar das Gartenhäuschen draußen steht falsch herum. Auf 120 Quadratmetern und zwei Etagen geht man in zehn verschiedenen Räumen quasi im Handstand durchs Haus. Dazu kommt noch, dass das Haus um sieben Grad längs- und quer geneigt wurde, was eine echte Herausforderung für den Gleichgewichtssinn ist. Hier stolpert man von einem seltsamen Zimmer ins nächste. Witzig sind auch die Details, selbst kleine Einrichtungsgegenstände wie Töpfe, Pfefferstreuer, Flaschen und Gläser stehen kopf. Ein Blick in die Zerrspiegel macht richtig Spaß oder Angst, je nachdem. Die Überwachungskamera im Haus zeigt die Bilder der Besucher ebenfalls falsch herum. Interessant und in Deutschland einzigartig ist auch die über Kopf fahrende Modelleisenbahn, die im Kinderzimmer an der Decke hängt und bei der ein Zug über die Köpfe der Besucher hinwegdüst. Am Ausgang zeigt ein Film, wie das Haus gebaut wurde. Für eine kleine Erfrischungspause gibt es im Kiosk Café dem Verrückten Haus gegenüber Eis, Erfrischungsgetränke und Kaffeespezialitäten. Hier darf man dann wieder richtig herum sitzen. Eine Trampolinanlage sorgt für den Spaß bei Kindern. Eins ist nach dem Besuch im Verrückten Haus gewiss: Lustige Fotos und ein Tag voller Spaß mit ganz vielen neuen Eindrücken.

TIPP

Fast gegenüber ist das Abenteuer Labyrinth Lüneburger Heide, ein 2800 Quadratmeter großer Irrgarten.

- Das Verrückte Haus, Horstfeldstraße 1, 29646 Bispingen www.dasverruecktehaus-bispingen.de
- ÖPNV: Bahnhof Soltau, dann Bus 154, Haltestelle Bispingen Horstfeldweg

WILDPARK

Eisenherzchen lässt grüßen

21 Jagdschloss Iserhatsche in Bispingen

Iserhatsche zu beschreiben, ist eigentlich unmöglich, aber eins lässt sich ohne Zweifel feststellen, es ist ein ganz besonderer Ort. Geschaffen wurde er von dem Visionär Uwe Schulz Ebschbach, der hier zusammen mit seiner Frau lebt. Man weiß gar nicht, wohin man zuerst schauen soll. Einfach alles ist hier anders. Das fängt schon im Schlossgarten an. Ganz Iserhatsche ist ein Ort voller Lebensphilosophie, denn „Es gibt kein großes Genie ohne einen Schuss Verrücktheit", wie es im Garten geschrieben steht. Mehr als 200 philosophische Sprüche laden zum Nachdenken ein beim Spaziergang im Barockgarten, wo auch die Bronzebüste des Schlossherrn steht. Ein Glockenbaum aus Eisen klingelt zu jeder vollen Stunde. Um acht Uhr spielt er das Lied „Fuchs, du hast die Gans gestohlen", um 13 Uhr „Es klappert die Mühle am rauschenden Bach" und um 18 Uhr „Muss i denn zum Städtele hinaus". Im Jagdschloss gibt es das Biedermeier-Zimmer und das Diana-Sanssouci-Zimmer, ein mit Blattgold verzierter Saal. Im Garten überrascht den Besucher der Berg Montagnetto, ein Schloss im italienischen Stil auf einem Hügel. Darin befinden sich ein kunstvoller Saal, ein Standesamt und eine Brotbackgrotte. Gleichzeitig ist Montagnetto ein kleiner Vulkan, der von Zeit zu Zeit ausbricht. Auch einen Wasserfall entdeckt man hier, eingebunden in ein Seensystem, wo sich auch der Nachbau der Arche Noah befindet, in dem der Schlossherr seine Schlafräume hat.

Uwe Schulz-Ebschbach übernahm das Anwesen 1986, das zuvor ein Landschulheim für Kinder und ein Lazarett für die Wehrmacht gewesen war. Ursprünglich war die Jagdvilla das erste Fertighaus in der Lüneburger Heide, von dem Berliner Stahlbau-Unternehmer Ernst Nölle als Jagdsitz gekauft, nachdem er die Villa 1910 auf der Weltausstellung in Brüssel gesehen hatte. Auch der Name stammt von Nölle. „Iserhatsche" war der Kosename, den seine Mutter ihm gegeben hatte. Das Wort stammt aus dem Plattdeutschen und bedeutet „Eisenherzchen".

● Iserhatsche, Nöllestraße 40, 29646 Bispingen
www.iserhatsche.de
● ÖPNV: Busbahnhof Bispingen, dann Bus 156, Haltestelle Bispingen Schule

Romantischer Heideort

22 Die Quelle am Eichenhain in Undeloh

Es ist das pure Glück, durch den kleinen Ort mit heidetypischen Häusern zu schlendern. Hier reiht sich ein Fachwerkhaus an das andere und ein kleines Café ans nächste. Undeloh liegt mitten im Naturschutzgebiet Lüneburger Heide. Der Ort hat nicht einmal 1000 Einwohner, ist aber ein beliebtes Ausflugsziel, vor allem für Besucher aus dem Großraum Hamburg. Dementsprechend voll ist es hier, besonders zu Zeiten, wenn die Heide blüht. Im Frühling und Winter dagegen kann man den Ort fast alleine genießen. Schon der Name Undeloh ist romantisch verklärt, bedeutet er doch „Quelle am Eichenhain". Ein besonderes Highlight und wunderbar still ist die St. Magdalenen Kirche. Sie wurde 1189 erbaut und gilt mit ihrem abseits stehenden Glockenturm und dem höhlenartigen Eingang als eine der schönsten Heidekirchen. Die Gebetsglocke im Glockenturm stammt noch aus dem Mittelalter. Im Mai ist die St. Magdalenen Kirche eine beliebte Hochzeitskirche, zur Weihnachtszeit finden hier Weihnachtskonzerte statt.

Von dem kleinen Heideörtchen starten verschiedene romantische Kutschfahrten, und es können auch Fahrräder und E-Bikes ausgeliehen werden, um die schöne Heidelandschaft zu entdecken und zum Beispiel ins autofreie Wilsede und zum autofreien Wilseder Berg im Naturschutzgebiet zu radeln. In Undeloh lohnt sich zudem der Besuch im Heide-Erlebnis- Zentrum. In gemütlicher Atmosphäre wird dem Besucher hier anschaulich Wissen über die Heidelandschaft vermittelt. Von den Hügelgräbern bis zu Findlingen und der Heidepflanze gibt es einiges zu entdecken. Besonders glücklich aber macht der leckere Buchweizenkuchen, den es in der kleinen Caféteria „Heimatliebe" im ErlebnisZentrum gibt. Wer es lieber deftig mag, greift zu Heidschnuckenbratwurst oder Heidekartoffeln.

Ein Geheimnis birgt der kleine Heideort ebenfalls. Dabei handelt es sich um den „Hungerpohl". Das ist ein kleiner Dorfteich, der in den 1930er- Jahren als „Hungerpohl oder Hungerteich" bezeichnet wurde, weil er bei Regenwetter komplett wasserlos, bei Trockenheit dagegen voller Wasser war.

- Heide-ErlebnisZentrum, Wilseder Straße 23, 21274 Undeloh www.heide-erlebniszentrum.de
- ÖPNV: Bahnhof Buchholz, dann Bus 4631, Haltestelle Undeloh Osterdiecksfeld

Herrlicher Blick vom Wasser

23 Paddeln auf der Ilmenau

An warmen Sommertagen gibt es kaum etwas Schöneres als eine entspannte Paddeltour in der Lüneburger Heide. Als Langstrecke, das heißt als zweitägige Kanutour, ist das Glück sogar doppelt.
In der Lüneburger Heide gibt es mehrere Anbieter von Kanutouren. Besonders schön ist die Strecke von Uelzen nach Lüneburg. Hierfür braucht man zwei Tage und legt 57 Kilometer zurück. Die Paddeltour beginnt an einer Bootsrutsche der Außenmühle in Uelzen und führt durch ländliches Idyll weiter nach Emmendorf. Diese Gemeinde liegt am „Oldenstädter Karrenweg", einem uralten Handelsweg. Spannend wird es, wenn man im Kanu zweimal eine hohe Brücke passiert. In Jastorf kreuzt die Ilmenau den Elbe-Seiten-Kanal. Treppen führen hier hinauf zum imposanten Kanal. Es ist beeindruckend, wenn man auf der Ilmenau paddelt und riesige Schiffe über einem fahren. Weiter geht die Tour durch Bad Bevensen, hier lohnt sich eine Pause im schönen Kurpark, und anschließend zum Heidekloster Medingen. Übernachten kann man wunderschön am herrlich gelegenen Biwakplatz vor Bienenbüttel in Wichmannsburg, bis es am nächsten Tag über Melbeck und den kurvenreichen Flussverlauf bei Deutsch Evern und die sogenannte „Rote Schleuse", ein Landgasthaus, weiter nach Lüneburg geht. In Lüneburg ist die Anlegestelle gegenüber dem Gartenlokal „Schröder's Garten", wo man die Paddeltour gemütlich ausklingen lassen kann. Wer nicht so viel Zeit hat: An einem Tag schafft man gut die 22 Kilometer lange Tour von Bienenbüttel bis nach Lüneburg.
Die Ilmenau entsteht südlich von Uelzen durch den Zusammenfluss von Gerdau und Stederau und ist ein typischer Heidefluss. Von Uelzen führt sie über Bad Bevensen, Bienenbüttel nach Lüneburg und mündet in der Nähe von Winsen an der Luhe in die Elbe. Auf dem schönen Flüsschen Ilmenau kann man die Heidelandschaft so richtig genießen. Im August und September bietet sich dabei ein kleiner Abstecher vom Fluss in die Bünstorfer Heide, südlich von Bad Bevensen, an.

TIPP

Heidekloster Medingen. Es ist eines von sechs noch heute aktiven Heideklöstern und liegt zwei Kilometer außerhalb von Bad Bevensen.

● Anbieter: Heide-Kanu, Marxener Str. 23, 21385 Oldendorf (Luhe), Kanu aktiv, Kirchplatz 4, 29553 Bienenbüttel

Die Renaissance-Bratwurst

24 Historischer Christmarkt in Lüneburg

Der Duft von Esskastanien und Holzkohleöfen liegt über den Ständen, Mitwirkende in historischen Kostümen winken die Besucher heran, und über alles wacht die Stadtwache. Wer einen kleinen Obolus gibt und nett lächelt, hat gute Chancen, hereingelassen zu werden.
Rund um die Michaeliskirche lebt zur Weihnachtszeit am ersten Adventswochenende das Mittelalter wieder auf. Hier findet kein normaler Weihnachtsmarkt statt, sondern der historische Christmarkt, der den Besucher in die Welt der Handwerker und Händler des 16. Jahrhunderts entführt. Stilecht bilden rund 60 liebevoll dekorierte Stände aus leinwandbespannten und verschnürten Rundholzgestellen die schmalen Budengassen nach und vermitteln dadurch den Eindruck der typischen „Enge" des 16. Jahrhunderts. Auch das Kopfsteinpflaster rund um die Kirche trägt dazu bei. Hier dudelt keine laute Weihnachtsmusik, es dreht sich kein elektrisches Kinderkarussell – es herrscht eine himmlische Stille, unterbrochen von den Rufen der Marktleute. Es gibt nur Dinge zu kaufen, die es früher auch schon gab. Trotzdem ist das Angebot groß: Webwaren, Spielzeug, Puppen, Schmuck, Glas, Schmiedearbeiten, Töpferwaren, Körbe, Weihnachtsschmuck, „Maroni" (Esskastanien), Kerzen und vieles mehr können erworben werden. Ein Highlight ist die „Renaissance-Bratwurst", die es wirklich nur hier beim Wurstbräter zu kaufen gibt und die sich durch eine besondere Gewürzmischung auszeichnet. Besonders stimmungsvoll wird der Weihnachtsmarkt in den späten Nachmittagsstunden, wenn im Dunkeln die Stände mit Kerzen beleuchtet werden. Der historische Christmarkt wird seit vielen Jahren von dem ALA (Arbeitskreis Lüneburger Altstadt) veranstaltet und ehrenamtlich organisiert. Die Einnahmen und Spenden des Marktes gehen zum Beispiel in die Restaurierung historischer Gebäude.
Fern vom Rummel üblicher Lichterflut, lautem Gedudel und Plastikweihnachtsmännern freut man sich hier auf besinnliche Art auf Weihnachten und genießt das stimmungsvolle Ambiente.

TIPP

Wer im Frühling nach Lüneburg kommt, sollte den Frühjahrsmarkt auf den Sülzwiesen besuchen.

- Christmarkt an der St. Michaelis-Kirche, Auf dem Michaeliskloster 2b, 21335 Lüneburg.
  Der Markt findet immer am ersten Adventswochenende statt.
- ÖPNV: Bus 5005, 5009, 5013, 5200, 5202, Haltestelle Am Graalwall

Auf Schienen durch die Heide

25 Fahrraddraisine Bleckede

Das Glück fährt hier mit. Auf Schienen durch den Wald und die Heide düsen, ist ein Erlebnis für die ganze Familie oder mit Freunden. In den Rausch der Geschwindigkeit kommt man natürlich nicht, man erreicht maximal 20 Stundenkilometer, dafür macht es aber unheimlich viel Spaß. Gestartet wird am Draisinenbahnhof in Alt Garge, und zuerst geht die Fahrt durch dichten Wald, dann zurück über den Bahnhof und zum Elbstrand. Zwischendurch ist immer genügend Zeit für einen Spaziergang, ein Picknick oder um kurz die Füße in der Elbe zu kühlen. Die erste Wendestation befindet sich in der Nähe des idyllisch gelegenen Restaurants Waldfrieden. Wer nach der Anstrengung eine Stärkung braucht, bekommt im Restaurant und Café außer Kaffee und Kuchen auch deftige Speisen. Die gesamte Draisinenstrecke ist 17 Kilometer lang, wofür drei Stunden zur Verfügung stehen. Die reine Fahrzeit beträgt eineinhalb Stunden. Die Draisine wird wie ein Fahrrad mit Pedalen angetrieben, läuft aber mit vier Rädern auf dem Gleis wie eine Eisenbahn. Das Treten geht leicht. Insgesamt stehen elf Fahrraddraisinen und zwei Zwischenwagen für bis zu 52 Personen zur Verfügung. Auch eine Rollstuhldraisine ist vorhanden. Wer etwas zu feiern hat, mietet die Eventdraisine mit Platz bis zu zwölf Personen. Ursprünglich diente eine Eisenbahn-Draisine zur Inspektion von Eisenbahnstrecken sowie zum Transport von Arbeitern und Material. Heute werden zunehmend stillgelegte Bahnstrecken damit befahren. Der Name stammt von Karl Drais, der 1817 die nach ihm benannte „Drais'sche Laufmaschine“ erfand. Das Eisenbahngleis in Bleckede ist übrigens das ehemalige Gleis der damaligen Hamburgischen Electricitäts-Werke (HEW). Während des Zweiten Weltkrieges wurde hier mit Kriegsgefangenen und Zwangsarbeitern ein Kohlekraftwerk errichtet, um bei Bombenangriffen die Stromversorgung zu sichern. Das Kraftwerk existiert heute nicht mehr. Wer noch nicht genug vom Pedaletreten hat, kann die Draisinentour auch mit einer Fahrradtour, zum Beispiel der Göhrde-Neetze-Ringtour oder der Vogelkieker-Ringtour kombinieren.

TIPP

Waldbad Alt Garge mit angrenzendem Tennisplatz.

● IG Draisine Bleckede, Adresse Draisinenbahnhof, Bleckeder Landstraße, Ecke Stiepselser Str. 2, 21354 Bleckede Ortsteil Alt Garge, www.ig-draisine-elbtalaue.de
● ÖPNV: Bahnhof Lüneburg, dann Bus 5100, Haltestelle Bleckede; von dort Bus 5101, Haltestelle Alt Garge, Bahnhof

FAHRRAD BAHNHOF
Inhaber Ralf Brendemuhl
Lüneburger Landstr. 11
21398 Neetze
Tel. 05850-6989036
www.fahrrad-bahnhof.de
info@fahrrad-bahnhof.de
Mobil: 0176/30581083
-Fahrrad & Ebike - Verkauf
-Fahrrad & Ebike - Verleih
-Fahrrad & Ebike - Leasing
-Ersatzteile und Zubehör
-Werkstattservice
-Beratung
-Gebrauchte Ebikes & Fahrräder
-Gebrauchtrad Inzahlungnahme
-Hol- und Bringservice

Wasserspaß mitten im Wald

26 Naturerlebnisbad Aquadies in Egestorf

Das Wort „Aquadies" klingt schon nach Paradies und verspricht Glück und Wasser an einem heißen Sommertag. Eigentlich ist es aber lateinisch und bedeutet so viel wie „Wassertag". Trotzdem findet man hier an heißen Tagen sein kleines Paradies in wunderschöner Natur zwischen alten Bäumen, Wiesen und Feldern und ganz ohne Chemie. Wer will da noch in ein herkömmliches, vollkommen überlaufenes Freibad, wie sie oft in Großstädten zu finden sind? Das Aquadies ist ein vollbiologisches Naturbad, ganz modern mit zwei offenen Bio-Kieselfiltern, die für eine amtlich kontrollierte Wasserqualität sorgen. Dazu hat man herrlich viel Platz für sich allein und liegt nicht Handtuch an Handtuch auf der grünen Wiese. Man braucht nur auf den Sonnenhügel zu gehen und genießt einen wunderbaren Blick auf die gesamte Anlage. Das Schöne an dem Freibad ist, dass es wie ein See mitten in der Natur liegt und nicht künstlich angelegt wirkt. Es gibt einen Spielbach für Kinder, Bachläufe und Strandbereiche sowie ein Beach-Volleyballfeld. Außerdem führt eine malerische Holzbrücke über das Schwimmbecken. Wer schnell friert, der kann sich in der Heidesauna, nach finnischem Vorbild, aufwärmen. Und wer gar nicht mehr weg möchte, kann hier sogar übernachten. Das Naturcamp bietet auf einem separaten Gelände sechs Blockhütten mit je sechs Betten sowie ein Indianer-Tipi zum länger Verweilen an.

Das Aquadies hat eine beeindruckende Geschichte. Es entwickelte sich aus einer Quelle im Dorfpark zu einem Badeteich. Die Fußballer des MTV Egestorf hatten nach einem anstrengenden Spiel die Idee, einen Teich auszuheben. Es wurde ein idyllisch gelegener und sehr beliebter Badeteich. In den 1950er-Jahren wurde der Teich zu einem richtigen Schwimmbad umgebaut. Zur Eröffnung am 15. August 1954 schrieb der Winsener Anzeiger „Das schönste Freibad im Landkreis". In den 1990er-Jahren stand das Freibad vor dem Aus, die Heizung war kaputt, doch am 17. Mai 2003 wurde nach Generalüberholung das neue Naturerlebnisbad „Aquadies" eingeweiht.

- Naturerlebnisbad Aquadies, Ahornweg 7, 21272 Egestorf, geöffnet nur von 15. Mai bis 15. September, www.aquadies.de
- ÖPNV: Bahnhof Buchholz, dann Bus 4207, Haltestelle Dorfpark

Ausflug an die Elbe

27 Das Café Zeittraum in Bleckede

Wenn man mit dem Heide-Express im Elbstädtchen Bleckede ankommt, gerät man leicht ins Schwärmen über die alten Fachwerkhäuser und das historische Ambiente des 800 Jahre alten Städtchens. Bleckede liegt dementsprechend auch an der Deutschen Fachwerkstraße. Das Städtchen wurde 1209 durch Herzog Wilhelm von Braunschweig und Lüneburg als Handelsmittelpunkt an der Elbe gegründet. Direkt an der Elbe liegt auch noch das Schloss der Welfen aus dem 16. Jahrhundert. Heute ist es Sitz des Biosphaeriums.

Schön ist ein Bummel durch die Breite Straße mitten in der Altstadt, die links und rechts von Fachwerkhäusern gesäumt ist. Dabei entdeckt man auch den schönsten Glücksort in Bleckede, das Café Zeittraum. Nicole Bremer betreibt diese Oase der Ruhe, die mit lauter Lieblingsstücken eingerichtet ist und in der man sich sofort zu Hause fühlt. Ein Bücherregal mit netter Literatur lädt zum Stöbern ein. Am schönsten sitzt man aber im Sommer im liebevoll dekorierten Garten. Mit einem guten Buch in der Hand und einem Stück selbstgebackenen Rhabarberkuchen kann man glatt die Zeit vergessen. Im Café Zeittraum kann man für eine Tour an die Elbe auch Fahrräder ausleihen, inklusive eines gut gefüllten Picknickkorbs. Die Strecke, immer an der Elbe entlang, ist ein wahres Paradies für Radfahrer.

Wenn man Bleckede besucht, bietet sich ein Abstecher zur evangelischen St.Jacobi-Kirche sowie auf den Jüdischen Friedhof an. Der Friedhof ist ein geschütztes Kulturdenkmal mit einer Größe von 1414 Quadratmetern aus der Zeit von 1752 bis 1935, und man kann dort noch heute wunderschöne alte Grabsteine bewundern. Der berühmteste Künstler Bleckedes ist übrigens der Bildhauer, Grafiker und Maler Jörg Immendorff, der als Kind hier aufwuchs. Eine Gedenktafel steht an seinem Geburtshaus in der Lauenburger Straße. Interessant ist auch ein Ausflug nach Breetze bei Bleckede. Hier liegen die „Ole Steens", Findlinge aus Granit, die während der letzten Eiszeit durch Gletscher hierhergekommen sind.

- Café Zeittraum, Breite Straße 15, 21354 Bleckede
  www.cafe-zeittraum.de
- ÖPNV: Bahnhof Lüneburg, dann Bus 5100, Haltestelle Bleckede

OPEN
Café geöffnet

Abseits vom Trubel

28 Ole Kerk und Bispingen

Abseits von den bekannten Freizeiteinrichtungen in Bispingen, wie dem Snow Dome, dem Ralf Schuhmacher Kartcenter, dem Abenteuer Labyrinth oder dem Verrückten Haus, gibt es auch noch das idyllische Heideörtchen Bispingen mit rund 2500 Einwohnern. Bispingen war früher ein typisches Heidebauerndorf, auch wenn der moderne Tourismus dies kaum mehr vermuten lässt. Die kleine Bronzeskulptur eines Heideschäfers in der Ortsmitte und die Ole Kerk (Alte Kirche) sowie das Alte Pfarrhaus sind Zeugen längst vergangener Zeit. Die Ole Kerk ist die älteste Kirche im Kreis Soltau. Der Bauherr war der Bischof von Verden. Wegen der Armut in der Region wurde sie aus Feldsteinen statt aus Ziegeln errichtet. Heute ist sie dadurch etwas ganz Besonderes und schön anzusehen.

TIPP

Snow Dome, Ski fahren in der Lüneburger Heide auch im Sommer in der Indoor-Halle.

Die Ole Kerk, die 1353 gebaut wurde, ist ein unbedingt sehenswerter Glücksort in Bispingen. Sie ist tagsüber von Ostern bis Silvester unverschlossen. Wenn nicht das große Schild „offene Kirche“ auf ihren Eingang hinweisen würde, könnte man sie glatt übersehen, denn sie liegt etwas versteckt hinter der Anfang des 20. Jahrhunderts erbauten St. Antonius-Kirche und neben dem Alten Pfarrhaus. Auf diesem Fleckchen Erde scheint die Zeit wirklich stehengeblieben zu sein. Vielleicht ist die Ole Kerk auch deshalb ein beliebter Ort für Trauungen und Konzerte. Ein Blick ins Innere der Kirche lohnt sich. Hier wird man von Stille empfangen. Die Kirche wurde 1972/73 grundlegend renoviert und glänzt wieder mit neuen Bleiglasfenstern, die vom Kunstmaler Siegried Steege geschaffen wurden. Anfang des 20. Jahrhunderts bot die alte Feldsteinkirche nicht mehr genügend Platz für die wachsende sonntägliche Gemeinde, eine neue, größere Kirche musste also her. 1908 wurde die St. Antonius-Kirche gebaut. Auch sie ist einen Besuch wert, denn in ihrem Inneren sind die Bronzetaufe von 1406, die Kanzel von 1648, das Altarbild und die Abendmahlsgeräte aus ihrer kleinen Nachbarin, der Ole Kerk, zu sehen.

- Ole Kerk, Kirchweg 3, 29646 Bispingen und St. Antonius-Kirche, Kirchweg 5, 29646 Bispingen
- ÖPNV: Bahnhof Soltau, dann Bus 154, Haltestelle Bispingen Schule

Pures Glück in Pralinenform

29 Lüneburger Schokoladenmanufaktur

Wer Diät machen möchte, blättert am besten ganz schnell weiter. Hier geht es um zartschmelzenden Schokogenuss, flüssiges Glück in Form von Trinkschokoladen, hausgemachten Trüffeln und leckeren Torten. Die PraLüne Schokoladenmanufaktur bietet eine große Vielfalt an edlen Süßigkeiten. Die Chefin Dörte Barisch fertigt mit ihrem Team in einem historischen Kaufmannshaus nach eigener Rezeptur und vor den Augen der Kunden alle möglichen Leckereien aus Schokolade. In der Schokoladenmanufaktur wird alles noch in Handarbeit hergestellt. Der Besucher kann zuschauen und im Café des Ladens gleich vor Ort Kaffee und Kuchen oder natürlich heiße Schokolade probieren. Jede einzelne Trüffel ist liebevoll mit den unterschiedlichsten Mustern verziert. Die Trüffel und Schokoladen sind mit Aroma- und Gewürzkompositionen zum Beispiel aus Chili, Ingwer, Thymian, Lavendel oder Berberitzen verfeinert. In der Weihnachtszeit dominieren Zimt, Nelken und Kardamom. Namensgeber und etwas ganz Besonderes ist die „PraLüne", eine Komposition aus Toffee-Ganache (einer fertigen Trüffelmasse), mit Salz harmonisch abgerundet. Eben eine typische Lüneburger Spezialität, wo das Salz ja zur Stadtgeschichte gehört. Die Trüffel zieren daher auch die für Lüneburg typische Salzsau, das Wildschwein, das vor mehr als 1000 Jahren das damals kostbare Mineral ans Tageslicht gebracht haben soll. Die PraLüne wurde von Michael Boom, einem gebürtigen Berliner und von Beruf Pralinenmeister, erfunden, der 2006 das Geschäft zusammen mit Dörte Barisch gegründet und aufgebaut hat.

Die PraLüne ist übrigens das beliebteste Mitbringsel aus Lüneburg für alle Daheimgebliebenen. Um anderen eine Freude zu machen, eignen sich aber auch die hausgemachten Schokoladenaufstriche, zum Beispiel der besondere Feigen-Senf-Aufstrich mit Schokolade oder andere kreative Sorten. In der Weihnachtszeit gibt es übrigens extra Sorten mit Zimt, Nelken und Kardamom. Mehr Schokolade geht einfach nicht.

- PraLüne Schokoladenmanufaktur & Caféhaus: Am Berge 26, 21335 Lüneburg
www.praluene.de
- ÖPNV: Bus 5009, 5300, 5015, Haltestelle Am Sande

PraLüne

Besonderer Stadtrundgang

30 Lüneburgs Kunst an Stromkästen

Verteilerkästen und Wände als Glücksort? Aber ja, denn in Lüneburg sind diese normalerweise hässlichen grauen Kästen ein Hingucker. Hier kann man auf Entdeckungstour gehen und findet hinter jeder Ecke ein neues Kunstwerk. Die schöne Silhouette vom Platz Am Sande zieht sich gleich über mehrere Kästen hinweg, die alten Giebel sind ein oft wiederkehrendes Motiv, und auch kleine Tiere und sogar Eis am Stiel verstecken sich in der Stadt. Man muss nur genau hinschauen. Und so ist in Lüneburg ein Stadtrundgang der ganz anderen Art möglich, bei dem man dennoch viele wichtige Sehenswürdigkeiten zu sehen bekommt. Bei vielen Werken lohnt es sich übrigens, ganz genau hinzusehen, denn wie auf einem Suchbild entdeckt man immer wieder schöne Details und fragt sich: Ist das jetzt echt oder gemalt? Insgesamt hat der Hamburger Künstler Jonathan Sachau in Lüneburg 15 Stromkästen verschönert. Unter dem Firmennamen „Dosenfutter" sprüht er legal und im Auftrag der Stadt. Durch seine Aktion wurden die Stromkästen fast unsichtbar und zu kleinen Kunstwerken im Straßenbild. Sachau griff Elemente aus der jeweiligen Umgebung auf, von Blumen bis zu Mauern und Gebäuden. Ein bis zwei dieser grauen Kästen schafft er pro Tag zu verschönern. Manchmal gab die Stadt ein paar Hinweise für Motive vor, meistens hatte der Künstler aber viele Freiheiten. Und auch im Landkreis war er aktiv. Bei einer Fahrt durch die Lüneburger Heide findet man immer wieder seine Werke. Jonathan Sachau ist übrigens studierter Pädagoge, der sich für die Vermittlung von Elementen der Streetart- und Graffiti-Kultur einsetzt. Seine Leidenschaft zum Sprayen machte er zum Beruf, von dem er heute leben kann.

Die Stadt Lüneburg setzt sich nicht nur mit den verschönerten Stromkästen für eine lebendige Kunstszene ein. So gibt es auch die ebenfalls dargestellte KulturBäckerei, ein Kunst- und Kulturhaus für Lüneburg mit einer eigenen Kunstschule und einem vielfältigen Veranstaltungsprogramm. Und auch der Kunstraum für zeitgenössische Kunst der Leuphana Universität ist bekannt in der Stadt.

● Kunstwerke u.a. Am Sande, 21335 Lüneburg
www.dosenfutter.org
● ÖPNV: Bus 5009, 5300, 5015, Haltestelle Am Sande

SIEMENS

Auf den Spuren der Stars

31 Das Hotel Bergström in Lüneburg

Romantisch wird es auf den Spuren der TV-Serie „Rote Rosen". Bereits seit 2006 ist Lüneburg die Kulisse für die Telenovela, bei der das Hotel „Drei Könige" von Gunter Flickenschild eine Hauptrolle spielt. In Wirklichkeit trägt das Haus den Namen „Hotel Bergström" und liegt im Wasserviertel der Stadt. Schon die verschiedenen Gebäude sind sehenswert, besteht das Hotel doch aus einem Ensemble liebevoll restaurierter Häuser. Die Zimmer verteilen sich über Wassermühlen, Wassertürme und Speicher am Hafen der Stadt. Eine Übernachtung in dem Vier-Sterne-Haus mit Blick auf die Ilmenau ist besonders romantisch für Verliebte und Honeymooner. Wer nicht so viel Zeit hat, kann auch einfach das Restaurant besuchen. Hier ist es eine Kleinigkeit, die großes Glück verspricht: Das frische Brot. Das Hotel und Restaurant bietet den Gästen besondere Brote und Brötchen aus der hauseigenen Bäckerei „die Backstube" mit einer Backtradition von über 100 Jahren. Die Bäckerei wurde 1883 gegründet. Im Laden Bei der Abtsmühle 1 kann das besondere „Bergström-Brot" gekauft werden. Beim Spaziergang durch die Stadt lassen sich neben dem Hotel auch die anderen Drehorte der Serie, wie der Johann-Sebastian-Bach-Platz vor der Michaeliskirche, der Lüneburger Kurpark oder die Straße „Auf dem Meere" erkunden. Wer ganz viel Glück hat, sieht die Schauspieler an einem Drehtag in der historischen Altstadt live. Die Drehtermine werden leider nicht angekündigt. Die Lüneburger Tourist Information bietet den „Rote Rosen"-Fans neben Souvenirs zur Serie für Gruppen und Einzelpersonen auch Stadtführungen zu den Außendrehmotiven an. Originell ist auch die Kutschfahrt „Rote Rosen" mit dem aus der Serie bekannten „Original Kutscher Herrn Peters" und den Pferden Peter und Benjamin, die immer mal wieder in der Serie zu sehen sind. Die Telenovela wird übrigens auch in der Schweiz, Österreich und in Italien, hier unter dem Titel „My Life – Segreti e passioni" ausgestrahlt und ist für die Stadt inzwischen ein Wirtschaftsfaktor geworden, der viele Touristen in die malerische Altstadt bringt.

- Hotel Bergström, Bei der Lüner Mühle, 21335 Lüneburg
www.bergstroem.de
- ÖPNV: Bahnhof Lüneburg (plus 10 Min. Fußweg)

HOTEL
Bergström

Von Weltkarten & Diamanten

32 Das Lüneburg Museum

Zu einem Stadtbesuch gehört der Besuch des städtischen Museums einfach dazu, und das Lüneburg Museum ist zudem ein wunderbarer Ort. Es wurde bereits 1891 eröffnet, öfters umgebaut und erweitert und befasst sich mit der Kulturlandschaft Lüneburgs. Ein Highlight ist sicherlich die Reproduktion der Ebstorfer Weltkarte, eine mittelalterliche Weltkarte in unglaublicher Größe mit 3,57 Metern Durchmesser. Sie entstand auf dreißig zusammengenähten Pergamentblättern mit Jerusalem als Mittelpunkt und war im Mittelalter die umfangreichste Weltkarte überhaupt. Das Original verbrannte leider im Zweiten Weltkrieg. Sie trägt den Namen ihres Fundortes und möglichen Herstellungsorts, des Benediktinerinnenklosters Ebstorf in Ebstorf in der Lüneburger Heide. Hier wurde das Original 1830 in einer Kammer gefunden. Ein weiteres schönes Stück ist der Luna Brunnen, der Marktbrunnen der Stadt. Im Museum stehen die kläglichen Reste des Originals von ca. 1540. Ein Dieb hatte 1970 die Mondgöttin vom Brunnen auf dem Marktplatz gestohlen. Der Brunnen selbst war mehrfach Opfer von Vandalismus geworden. Seine Reste wurden restauriert, und er wanderte zum Schutz ins Museum. Der Brunnen auf dem Platz Am Markt, direkt vor dem Rathaus, ist eine Kopie. In der naturkundlichen Sammlung findet man auch „Lüneburger Diamanten“, bestehend aus Boracit und Lüneburgit. Ansonsten zeigt das Museum rund 1300 Exponate aus Naturkunde, Kulturgeschichte und Stadtarchäologie der Hansestadt Lüneburg. Ein schöner Ort im Museum ist nach einer anstrengenden Besichtigungstour das Café Luna. Hier kann man mit herrlichem Blick auf die Ilmenau und die Stadtsilhouette Kaffee trinken und Kuchen essen. Im Sommer ist direkt an der Ilmenau eine Außenterrasse geöffnet. Dort finden abends auch Grillabende statt. Und noch eine Besonderheit gibt es: Die Kaffeerösterei Ratzsch aus Lüneburg bietet im Café eigens für das Museum kreierte Sorten an, die in einer Kooperation entstanden sind. Ein Museumseintritt ist für den Besuch des Cafés nicht notwendig.

- Lüneburg Museum, Willy-Brandt-Straße 1, 21335 Lüneburg
www.museumlueneburg.de
- ÖPNV: Bus 5009, 5300, 5015, Haltestelle Am Sande

Südländisches Savoir-vivre

33

Das Wasserviertel Am Stintmarkt in Lüneburg

Mitten in der Stadt befindet sich in der Straße Am Stintmarkt Lüneburgs größte zusammenhängende Kneipenmeile. Hier kann man direkt am Fluss Ilmenau draußen sitzen, Getränke konsumieren und sich im Sommer am fast südländischen Flair erfreuen. Gäste und Einheimische sitzen oft bis spät in der Nacht in den Lokalen oder an der Treppe, die zum Fluss führt, und genießen die schöne Atmosphäre und den Blick auf den Alten Kran.

Der Name Am Stintmarkt kommt, wie der Name schon andeutet, daher, dass hier vor allem Stint gehandelt wurde. Bei dem Stint handelt es sich um einen kleinen Fisch, der zum Laichen von der Nordsee über die Elbe bis in die Ilmenau schwamm und im Mittelalter hier gefangen wurde. Noch heute ist der Fisch eine regionale Delikatesse, die in vielen Restaurants in der Stintsaison von Mitte Februar bis Ende März angeboten wird. Früher brachten Kaufleute das Lüneburger Salz über die Ilmenau nach Lübeck und nahmen auf dem Rückweg Heringe mit. Der Fisch wurde dann gegenüber dem Stintmarkt im Alten Kaufhaus verkauft, was ihm den Namen „Dat Heringshus“ einbrachte. 1742 erhielt es seine barocke Fassade. Aber auch Getreide, Hopfen, Bier, Tuche oder Gewürze wurden hier gehandelt. Ein Blick nach oben lohnt sich, denn auf dem Haus befinden sich ein für Norddeutschland unüblicher Zwiebelturm sowie eine goldene Wetterfahne mit einem Ewer, einem Flussschiff mit wenig Tiefgang.

TIPP

Das Kleine: Das Restaurant Am Stintmarkt 8 bietet saisonale deutsche und Lüneburger Gerichte an.

Im Hafen Am Stintmarkt ist so ein Schiff als Nachbau zu sehen. Hier liegt ein Ewer, ein Lastschiff, vertäut. Das Salz-Schiff gehört zum Salzmuseum. Es zeigt die Bedeutung Lüneburgs als alte Hafenstadt. Das Schiff konnte bis zu 20 Tonnen Salz auf dem Flussweg transportieren. Vom 15. bis 17. Jahrhundert wurden jährlich mehr als 10.000 Tonnen Salz auf dem Wasserweg verschifft.

Im Heringshus ist heute das Hotel „Altes Kaufhaus“ mit Kunst- und Ausstellungsräumen untergebracht.

- Am Stintmarkt, 21335 Lüneburg
- ÖPNV: Bahnhof Lüneburg (plus 10 Min. Fußweg)

Gipfelstürmen in Lüneburg

34 Der Kalkberg mit schöner Aussicht

Zugegeben, er ist mit seinen rund 58 Metern nicht der höchste Berg Deutschlands, dafür landschaftlich aber wunderschön und die grüne Lunge Lüneburgs mit einem bezaubernden Blick auf die Altstadt. Gleichzeitig ist er ein geschichtsträchtiger Ort. Der Weg ist hier eindeutig das Ziel, und man wundert sich immer wieder, wie viele Besucher sich auch schon in den frühen Morgenstunden auf den Weg nach oben machen. Ein Rundweg durch dichtes Grün führt hinauf auf die Bergkuppe, die sich mitten in der Stadt befindet. Unterwegs steht ein Obelisk, der an die Garnisonskirche, die 1663 erbaut und wegen Baufälligkeit 1783 wieder abgerissen wurde, erinnert. Eine Kanone befindet sich auf dem oberen Plateau. Sie diente einige Zeit als Warnhinweis, wenn Strafgefangene aus dem benachbarten Gefängnis, das um 1800 am Fuß des Kalkbergs als „Kettenstrafanstalt" errichtet worden war, entflohen waren. Die Sträflinge mussten damals unter strenger Bewachung im Kalksteinbruch und der Kalkfabrik arbeiten. Im 14. Jahrhundert krönte den Berg eine Burg, die „Hliuniburg". Von hier wurde das Fürstentum Lüneburg-Braunschweig regiert. Durch einen Erbfolgekrieg wurden die Burg und das Benediktinerkloster St. Michael am 1. Februar 1371 zerstört. Von der Burg ist leider nichts mehr zu sehen. Eigentlich ist der Kalkberg ein Gipsberg. Bis 1932 wurde hier Gips abgebaut, dann wurde der Gipsbruch und der restliche Berg, der einmal eine Höhe von 80 Metern hatte, zum Naturschutzgebiet und Naturdenkmal erklärt. Damit wurde es zu einem der ersten Naturschutzgebiete Deutschlands. Inzwischen hat sich am Kalkberg eine große Artenvielfalt entwickelt. Es gibt 250 verschiedene Blütenarten, seltene Tiere wie den Kammmolch und den Kleinen Wasserfrosch zu entdecken. Am Fuß des Kalkbergs befindet sich noch der historische Gipsbrennofen von 1819, eines der letzten von drei Industriedenkmälern Lüneburgs. Der Kalkberg ist immer einen Mini-Ausflug in der Stadt wert.

● Kalkberg, Neuetorstraße, 21335 Lüneburg
www.kalkberg-lueneburg.de
● ÖPNV: Bus 5013, 5202, 5919, Haltestelle Vor dem Neuen Tor

Kartoffeln mit Herz

35 Kartoffelhof Ellenberg in Barum

Hier sind der blaue Schwede, die rote Emmalie und Violetta zu Hause und freuen sich auf Besuch. Die Rede ist von Kartoffelsorten. Im Kartoffelladen der Familie Ellenberg gewinnt man einen faszinierenden Einblick in die Vielfalt der Kartoffel. Der Biolandhof baut ca. 100 Sorten an, von denen rund 35 an die Kunden verkauft werden. Der „rosarote Panther“ ist ein Züchtungserfolg der Familie, Emma wird als Hofsorte angeboten, sie wurde benannt nach der Großmutter. Im Kartoffelladen in Barum findet jeder seine spezielle Lieblingsknolle, manchmal sogar als Herz. Für Kartoffelliebhaber unbedingt ein Glücksort, denn jetzt kommen bunte Kartoffeln auf den Tisch. Wer sagt denn, dass Kartoffeln immer gelb sein müssen? Zusätzlich kann man hier auch ausgewählte Biolebensmittel, wie zum Beispiel Speiseöle, Wein, Getreideprodukte, Gewürze oder Tee einkaufen. Auf der Internetseite der Familie stehen alte Lieblingsrezepte zum Nachkochen, wie zum Beispiel Omas bunter Reibekuchen.

Der Hof wurde bereits 1599 von den Familien Kummer und Schlüter gegründet. Adele Schlüter und Johannes Evers bauten den Hof nach dem Ersten Weltkrieg wieder auf. 1945 kam die Familie Ellenberg dazu. Günter Ellenberg wurde als Verwalter eingestellt und heiratete die Tochter von Adele und Johannes Evers, Ruth Evers. Seitdem führt die Familie Ellenberg erfolgreich den Hof. Seit 1991 wird alles ökologisch angebaut. Karsten Ellenberg ist übrigens der Retter der Sorte „Linda“. Er war der Hauptinitiator des Freundeskreises „Rettet Linda“ und der Kampagne „Solidarität mit Linda“. Das Bundessortenamt in Hannover entschied 2010, dass die beliebte Kartoffelsorte „Linda“ wieder zugelassen und in der deutschen Liste für Pflanzkartoffeln gelistet wird. 2004 war ein Streit über Linda ausgebrochen. Europlant entzog zum 1. Januar 2005 die Zulassung für die gewerbliche Pflanzgutproduktion. Die beliebte Kartoffelsorte sollte nach 30 Jahren Sortenschutz vom Markt verschwinden. Dank Karsten Ellenberg wurde dies verhindert.

● Kartoffelvielfalt, Biolandhof Ellenberg, Ebstorfer Straße 1, 29576 Barum
www.kartoffelvielfalt.de
● ÖPNV: Bahnhof Bad Bevensen, dann Bus 7071,
Haltestelle Barum (Bad Bevensen) Zum Dorfteich

Nudeln machen glücklich

36 Das Lüneburger Nudelkontor

Kurz, lang, röhrenförmig, geschraubt oder sogar als Herzchen, Nudeln gibt es in vielen Formen und Farben. Und frisch hergestellt schmecken sie am besten. Im Lüneburger Nudelkontor werden täglich frische Nudeln mit Liebe produziert, die man mit nach Hause nehmen oder, wer nicht so lange warten mag, gleich an kleinen Stehtischen vor Ort genießen kann. Begrüßt wird man meist von der Chefin selbst, denn oft steht Uschi Fröhlich hinter der Theke. Gegründet wurde der Laden im April 1987 von Arno und Uschi Fröhlich. Arno Fröhlich studierte Sport und Biologie in Hannover, jobbte in einer Kneipe und vermisste leckere Nudeln. Kurzum ging er nach Italien, wo er vor Ort die Kunst der Nudelmacherei erlernte. Seit über 30 Jahren steht er nun selbst im Nudelkontor und produziert seine Nudeln morgens um vier Uhr früh, damit zur Ladenöffnung alles frisch zubereitet ist. Bei der Herstellung der Nudeln, Spaghetti, Ravioli, Tortellini und auch Gnocchi werden keine Konservierungsstoffe oder Geschmacksverstärker verwendet. Zuschauen kann man auch, denn die Nudeln werden von Arno Fröhlich und einer Gehilfin in einer Schauproduktion gegenüber vom Geschäft zubereitet. Auch andere leckere Spezialitäten aus Italien gibt es zu kaufen, wie den Parmigiano Reggiano, feinsten Parmaschinken und Fenchelsalami. Und für eine süße Nachspeise in Form von hausgemachter Mascarpone-Creme oder Tiramisu ist ebenfalls gesorgt. Das Lieblingsrezept von Uschi Fröhlich ist übrigens ganz einfach und jedem zu empfehlen: „Spaghetti mit Olivenöl, frischer Petersilie, Knoblauch und frischem Parmesan." Schon weht ein Hauch von Italien durchs Haus. Die Nudel kommt übrigens nicht, wie viele glauben, aus Italien, sondern aus Asien. Dort gab es Nudelgerichte bereits vor 4000 Jahren. Vor 2000 Jahren kam sie nach Europa und trat hier ihren Siegeszug an. Und die Nudel macht einfach glücklich. In ihr stecken vor allem Kohlenhydrate. Dadurch ist sie ein guter Energielieferant, aber auch Mineralien wie Kalium, Magnesium und Kalzium sind in ihr enthalten.

TIPP

Der Nudelwagen vom Lüneburger Nudelkontor steht auch auf dem Wochenmarkt in Hannover.

● Lüneburger Nudelkontor, Auf dem Kauf 1, 21335 Lüneburg
www.lueneburger-nudelkontor.de
● ÖPNV: Bus 5009, 5300, 5015, Haltestelle Am Sande

Gnocchi
aus Kartoffelmehl
100g 1,20 €
Bandnudeln
mit Hartweizengrieß u. Ei
100g 1,20 €

Vom Glück des Gärtnerns

37 Pflanzenmarkt Freilichtmuseum am Kiekeberg

Zweimal im Jahr wird das Freilichtmuseum am Kiekeberg zum Pilgerort für alle Pflanzenliebhaber. Immer im Frühling und Spätsommer wird hier ein Pflanzenmarkt veranstaltet, der Hobbygärtner nicht nur aus Hamburg und Niedersachsen anzieht, sondern sogar Busladungen voller Niederländer und Dänen ins idyllische Vahrendorf bringt. Über 120 Aussteller bieten dann von beliebten über seltene bis zu exotischen Pflanzen alles an. Die Aussteller kommen aus Deutschland und dem benachbarten Ausland. Sie beantworten Fragen zur Pflege der Pflanzen und geben wertvolle Tipps. Auch ein großes kulinarisches Angebot gibt es mit leckerem Kuchen aus der Museumsbäckerei oder norddeutschen Gerichten im Museumsgasthof „Stoof Mudders Kroog“. Übrigens gibt es sogar extra „Pflanzenparkplätze“, wo die Einkäufe gut verwahrt zwischengeparkt werden können. Wer von Pflanzen nicht genug bekommt, den erfreut auch der Rosenmarkt am Kiekeberg, der jedes Jahr im Juli stattfindet. Hier dreht sich alles um die Königin der Pflanzen, die Rose. Das Freilichtmuseum wurde bereits 1953 gegründet, um die alte Tradition der Landwirtschaft zu bewahren und der jungen Generation zugänglich zu machen. Es zeigt alte Bauernhäuser aus der nördlichen Lüneburger Heide, insgesamt 40 historische Gebäude aus dem 17. bis 20. Jahrhundert. Neben historischen Gärten können auch verschiedene alte Haustierrassen auf dem zwölf Hektar großen Gelände besichtigt werden. Hier laufen beispielsweise das Bentheimer Landschwein, die Ramelsloher Blaubeine, eine Hühnerrasse, sowie Bentheimer Landschafe glücklich umher. Im Agrarium, einem neuen Ausstellungsgebäude, erfährt man alles über die Landwirtschaft und Ernährungsindustrie. Die Dauerausstellung „Spielwelten“ zeigt auf 650 Quadratmetern die Spielzeugkultur nach dem Zweiten Weltkrieg.
Das Freilichtmuseum am Kiekeberg bietet regelmäßig Sonderveranstaltungen, wie zum Beispiel den Historischen Jahrmarkt Anfang Oktober, mit Schiffschaukel und Karussells, Puppentheater und Gauklern sowie das Ostervergnügen und den Weihnachtsmarkt der Kunsthandwerker.

- Freilichtmuseum am Kiekeberg, Am Kiekeberg 1, 21224 Rosengarten www.kiekeberg-museum.de
- ÖPNV: Harburg-ZOB, dann Bus 4244, Haltestelle Ehestorf, Museum Kiekeberg

Streichelzahme Tiere

38 Wildpark Schwarze Berge

Mit Wildtieren auf Du und Du kommt man im Wildpark Schwarze Berge. Ein traumhafter Ort dort ist das Freigehege auf einem Hügel, umringt von Wald, mit einem wunderschönen natürlichen See, auf dem Wasservögel schwimmen. Hier kommen einem die Rehe ganz nahe und lassen sich manchmal sogar aus der Hand füttern. Die Publikumslieblinge sind aber die handzahmen Hängebauchschweine, die frei laufen und gleich im Eingangsbereich auf die Futtertüten der Besucher warten. Der Park ist wunderschön angelegt und eignet sich gut für einen Spaziergang. Das gesamte Gelände geht durch den Wald und ist etwas hügelig. Im Sommer spenden die Bäume wohltuend Schatten. Unterwegs gibt es mehrere Restaurants oder Picknickmöglichkeiten.
Der Wildpark wurde bereits 1969 gegründet. Um die hundert Tierarten und etwa 1000 Tiere werden gezeigt: Luchse, Rehe, Elche und Ziegen sind u.a. hier untergebracht. Und natürlich sieht man im Wolfsgehege echte Wölfe, die sich seit ein paar Jahren in der Lüneburger Heide auch in freier Natur wieder ausbreiten. Von März bis Oktober gibt es jeden Sonntag Futtertouren im Wildpark, die beim Wolfsgehege starten und immer spannend anzusehen sind. Zu den täglichen Veranstaltungen gehört die Flugschau im Freigehege mit Wüstenbussard, Weißkopfseeadler und Falke. Kopf einziehen heißt es, wenn die Vögel direkt über den Zuschauern wegfliegen. Ein Highlight ist der neue 45 Meter hohe Elbblickturm, von dem man bei gutem Wetter auf die Elbe, bis Hamburg-Blankenese, den Hamburger Hafen und die Elbphilharmonie sehen kann. Hier gibt es eine Besonderheit, eine Aussichtsplattform mit begehbarem Glasboden auf 30 Metern Höhe für absolut Schwindelfreie. Bei den Kleinen besonders beliebt sind das Streichelgehege mit Ziegen und der riesige Abenteuerspielplatz mit Fahrgeräten, Klettertürmen und Seilbrücken am Ausgang. Der Wildpark bietet regelmäßig spannende Sonderveranstaltungen, wie den Tag der Imkerei, den Luchstag oder Herbstmarkt an.

TIPP

Mehr Infos über Wölfe erhält man im Wolfcenter Dörverden-Barme.

- Wildpark Schwarze Berge, Am Wildpark 1, 21224 Rosengarten
  www.wildpark-schwarze-berge.de
- ÖPNV: Hamburg-Neuwiedenthal, dann Bus 340, Haltestelle Wildpark Schwarze Berge

Beste Hausmannskost

39 Die Horster Mühle in Seevetal

„Glück zu" ist der Spruch der Müllersleute. Hiermit begrüßten die wandernden Gesellen den Müllermeister und baten um Arbeit. Dieser Satz steht auch auf der Brücke vor der Horster Mühle. Glück findet in der Horster Mühle derjenige, der deftige Hausmannskost liebt. Die Schnitzel sind riesig und werden wie zu Großmutters Zeiten nicht mit Pommes Frites, sondern mit Bratkartoffeln in einer schönen Schüssel serviert. Auch eigene Mühlenspezialitäten bietet das Restaurant an mit Gerichten wie Sülze mit Remoulade und Bratkartoffeln, Grützwurst mit Apfelmus und Kartoffeln oder, typisch für die Region Hamburg, Labskaus mit Matjesrolle und Rote Bete. Ein schöner Platz in der Wassermühle ist der Wintergarten mit dem traumhaften Blick auf das Mühlenrad im Flüsschen Seeve. In kalten Wintern erstarren der Bach und das Rad in Eis und sehen verzaubert aus. Geheiratet werden kann in der Mühle ebenfalls, und zwar im ehemaligen Kuhstall. Sogar der Weg zur Mühle kann schon zum Erlebnis werden, denn die Horster Mühle bietet in Zusammenarbeit mit dem Verein Postkutsche Lüneburger Heide e.V. Fahrten mit der historischen Kutsche vom „Dat ole Fösterhuus" im Klecker Wald bis zur Horster Mühle an.

Die Mühle kann auf eine bewegte Geschichte zurückblicken. Erstmals erwähnt wurde sie bereits im Jahr 1529. Damals stand sie noch ein wenig flussaufwärts, Richtung Ramelsloh. Um 1537 wurde die Mühle unter der Regie des Harburger Herzogs Otto I. am heutigen Standort neu gebaut und gehörte damals zum Stift Ramelsloh. 1848 gelangte sie in Privatbesitz. Im Jahr 1888 ersteigerte die Familie Schmanns die Mühle, in deren Besitz sie sich noch heute befindet und inzwischen in fünfter Generation geführt wird. Nach dem Zweiten Weltkrieg musste sich die Müllerfamilie wirtschaftlich neu orientieren, da durch die Industriemühlen die Zeit der dörflichen Mühlen ihrem Ende zuging. So kam es zu ersten gastronomischen Aktivitäten. Nach 400 Jahren wurde 1966 der ursprüngliche Mühlenbetrieb ganz eingestellt, und die Familie konzentrierte sich ausschließlich auf die Gastronomie.

● Horster Mühle, Zur Wassermühle 4, 21220 Seevetal, www.horstermuehle.de
Verein Postkutsche Lüneburger Heide e.V. in Bendestorf, Tel.: 04183/7319
● ÖPNV: Meckelfeld, An den Höfen, dann Bus 248, 448, 4623,
Haltestelle Horster Mühle

Nostalgische Bahnromantik

40 Eine Fahrt mit dem HEIDE-EXPRESS

Einfach mal das Auto stehenlassen und sich gemütlich durch die Heide bewegen, das klingt doch gut. Für den HEIDE-EXPRESS muss man etwas mitbringen, was heute kaum noch einer hat: Zeit. Dafür bekommt man auch ein besonderes Erlebnis. Quietschend bewegen sich die Züge durch die Lüneburger Heide, vorbei an Wiesen und Wäldern. Man kann die Fahrt und die Landschaft genießen. Eine besonders schöne Strecke ist die zwischen Lüneburg und Bispingen mit dem Bispinger HEIDE-EXPRESS. Im August und September kann man hier neben den Bahngleisen die blühende Heide bewundern. Etwas Ausgefallenes ist auch die Fahrt mit der Bleckeder Kleinbahn, einer roten Lok aus den 50er- Jahren, die zum HEIDE-EXPRESS gehört und in den Sommermonaten Lüneburg mit dem Elbstädtchen Bleckede verbindet. Fahrräder dürfen ausdrücklich kostenlos mitgenommen werden. Erlebnisreich für Kinder sind die Fahrten an speziellen Aktionstagen. An Ostermontag startet der HEIDE-EXPRESS am Lüneburger Bahnhof und fährt nach Neu Neetze. Hier können die Kinder Osterüberraschungen im Wald suchen. Im Zug gibt es Verpflegung mit Getränken und Würstchen. Glücklich leuchten alle Kinderaugen auch bei den Nikolausfahrten. Auf dieser Reise steigen unterwegs der Nikolaus und seine Helfer ein und verteilen an die Kinder im Zug Geschenke. Aber auch für die Erwachsenen ist die Nikolausfahrt ein besonderes Erlebnis, denn die Waggons sind festlich geschmückt, und Musiker sorgen für Weihnachtsstimmung an Bord.

Die Arbeitsgemeinschaft Verkehrsfreunde Lüneburg e.V. (AVL), gegründet im Jahr 1981, bietet verschiedene Fahrten mit historischen Eisenbahnfahrzeugen an: über das Netz der Osthannoverschen Eisenbahn und über die eigene Bleckeder Kleinbahn Verwaltungsgesellschaft, welche die Strecke Lüneburg-Bleckede betreibt. Zum HEIDE-EXPRESS gehören mehrere Diesel-Lokomotiven, die älteste stammt aus dem Jahr 1941. Ziel der AVL ist es, historische Schienenfahrzeuge betriebsfähig zu erhalten. Inzwischen wurde sie so berühmt, dass mehrere Fernsehsendungen über sie berichteten.

● HEIDE-EXPRESS, verschiedene Abfahrtsorte
www.heide-express.de

BlecKede

Kleine Glücksoase

41 Der Kreidebergsee in Lüneburg

Ein Spaziergang im Grünen ganz nah am Zentrum mit spektakulärer Aussicht erwünscht? Lüneburgs Kreidebergsee eignet sich wunderbar dafür, die freie Zeit draußen zu genießen. Man fühlt sich hier ein bisschen wie bei den Kreidefelsen auf Rügen, nur eben in Miniatur. Waldmeistergrün schimmert der See, und von zwei Seiten gibt es kreideweiße Steilhänge, umgeben von flachen Wiesen. Enten und Schwäne haben das Paradies längst für sich entdeckt. Man kann leicht vergessen, dass man sich immer noch mitten in der Stadt befindet, wäre da nicht der schöne Blick auf das Zentrum mit seinen Kirchen und alten Giebelhäusern. Vom Hauptplatz Am Sande sind es nur 1,3 Kilometer, also ungefähr 15 Minuten zu Fuß, bis man den See erreicht. Dabei kommt man auch am Liebesgrund vorbei, einer Parkanlage, die früher vom Stadtgraben und der alten Wallanlage umgeben war. Die Stadtmauer ist leider nicht mehr vorhanden. Nur noch einige Bruchstücke zeugen von der längst vergangenen Zeit. Direkt an der Bardowicker Mauer stehen die sogenannten „Buden“, Armeleutehäuser, von denen noch einige erhalten sind. Im Sommer finden im Park Kinderfeste oder andere Veranstaltungen statt, im Winter eignet sich der Liebesgrund auch zum Rodeln. Vom Liebesgrund erreicht man über die Straße mit dem abenteuerlichen Namen Langer Jammer den Kreidebergsee. Der See entstand durch den Gipsabbau. Ursprünglich war an dieser Stelle ein Kalkbruch mit Brennerei. Nach 1975 wurde er zu einem 14,5 Hektar großen Naherholungsgebiet umgewandelt, was eine wirklich gute Idee war. Der Kreidebergsee hat eine Tiefe bis zu 30 Metern. Das Schwimmen ist aufgrund des Gerölls im See leider verboten. Aber eine schöne Liegewiese gibt es trotzdem. Dank des Salzgehalts im See ist dieser ökologisch besonders wertvoll mit einer seltenen Flora und Fauna. Im See leben Hecht, Zander und Karpfen. Tief durchatmen heißt es hier deshalb auch, die Luft soll besonders gut sein.

TIPP
Lüneburger Kurpark mit einem Gradierwerk, an dessen Ästen Sole herabtropft. Gut für die Lungen.

- Kreidebergsee, Am Kreideberg, 21339 Lüneburg
- ÖPNV: Bus 5014, Haltestelle Am Kreideberg

Glücksort für Pilger

42 Der Dom zu Bardowick, der nie einer war

Das Pilgerherz freut sich über einen Stempel fürs Pilgerbuch, aber auch nicht Gläubige fasziniert der Dom zu Bardowick St. Peter und Paul. In einem Ort mit gerade mal knapp 6700 Einwohnern steht dieses imposante Bauwerk aus dem Mittelalter mitten auf der grünen Wiese und zwischen alten Bauernhäusern versteckt. Der Blick auf den altehrwürdigen Dom allein ist schon einen Besuch wert. Ungewöhnlich im Inneren sind seine Schnitzereien, finden sich hier doch fast überall kleine und feine Figuren, die kein bisschen fromm, sondern lustig daherkommen. Wer auf Spurensuche geht, entdeckt einen grinsenden Gnomen, einen lustigen Affen, einen auf dem Kopf stehenden Hahn, Einhörner und andere Fabelwesen. Es gibt noch mehr zu schauen, denn auch der Anblick von außen ist außergewöhnlich: mit zwei niedrigen Türmen an der gotischen, dreischiffigen Hallenkirche. Im Dom befindet sich eine Schnitzerei des Heiligen Jacobus am Chorgestühl, dargestellt als Pilger mit Pilgertasche und der Muschel, dem Symbol für die Pilgerreise nach Santiago de Compostela. Der Weg dorthin ist bei Pilgerreisenden wohl heute der bekannteste, aber auch die Elbregion war im Mittelalter Ziel für Pilger und Lüneburg Teil des Verbundnetzes der Pilgerstädte mit bedeutenden Heiligtümern.

Schon 1146 wurde an diesem Standort in Bardowick eine Holzkirche urkundlich erwähnt. Im Jahr 1189 wurde sie durch Heinrich den Löwen zerstört. Von dem Vorgängerbau existieren nur noch einzelne Überreste im Bereich der Stephanskapelle und der Türme. Der jetzige Dom wurde etwa zwischen 1389 und 1485 erbaut. Sein ältestes Ausstattungsstück ist das bronzene Taufbecken, welches 1367 für den Dom gekauft wurde und wohl aus Lüneburg stammte. Das prächtige Gebäude trägt den Titel „Dom“ im Namen, als Bezeichnung für eine Bischofskirche, obwohl er nie oder nur sehr kurz einer war. Ob Bardowick einst im Mittelalter als Bischofssitz vorgesehen war oder ob dieser sogar kurzfristig bestand, bevor er nach Verden an der Aller verlegt wurde, ist nicht sicher belegt. Der Name „Dom“ ist geblieben.

- Dom zu Bardowick St. Peter und Paul, Beim Dom 9, 21357 Bardowick
  www.kirche-bardowick.de
- ÖPNV: Bahnhof Bardowick

Kaffee & Kuchen wie bei Oma

43

Nostalgie Café in Seevetal

Im Wohnzimmer sitzen, in alten Büchern lesen und dazu wie bei der eigenen Großmutter mit Kaffee und Kuchen bemuttert werden. Im Nostalgie Café in Seevetal, kurz nach dem Örtchen Hittfeld, wird man auch bei trübem Winterwetter glücklich, ist es dort doch so heimelig, dass man gar nicht wieder gehen möchte. Hier kann man die Zeit vergessen. Das ganze Café ist sehenswert, es ist eingerichtet wie eine Wohnstube zu Großmutters Zeiten. Das Schöne daran ist, dass es gleich mehrere Wohnzimmer gibt, eins mit einem großen Sofa, ein rustikales Schwedenzimmer und sogar eine Engelchen-Ecke. Jede Sitzecke bietet ein eigenes Erlebnis und eine Privatatmosphäre, in der man wunderbar mit Freunden sitzen und sich unterhalten kann, ohne dass gleich alle Gäste einem zuhören. Auch wer alleine kommt, dem wird nicht langweilig, denn es liegen Bücher zum Lesen bereit. Im Café gibt es viele Dinge zu entdecken, die man noch von früher kennt, wie zum Beispiel alte Lampen oder Teekännchen, und im ersten Stock des Cafés gibt es das „Stöberstübchen" mit schönen Dingen, die man für seine Liebsten erwerben kann. Die gemütlichsten Eckchen befinden sich im schönen Garten. Hier kann man im Sommer entspannt relaxen. Das Besondere: Wenn man noch ein altes Kuchenrezept der Großmutter hat, kann man es einfach mitbringen, und vielleicht wird schon beim nächsten Besuch der Kuchen der eigenen Oma oder Uroma serviert. Die Kuchen werden hier noch mit Liebe und erlesenen Zutaten selbst gebacken und schmecken besonders lecker. Regelmäßig finden auch Lesungen, Klavier- und Liederabende statt. So kann man immer am zweiten Donnerstag eines Monats regionale Autoren kennenlernen, die in gemütlicher Atmosphäre aus ihren Büchern lesen. Mit dem Café haben sich Elisabeth und Winfried Meyer nach einer beruflichen Karriere im Einzelhandel ihren Lebenstraum verwirklicht. Jetzt bewirten sie mit Herz und Hingabe ihre Gäste und haben auch immer Zeit für ein kleines Gespräch.

- Nostalgie Café, Garbershoff 4, 21218 Seevetal
  www.nostalgie-cafe-helmstorf.de
- ÖPNV: Bahnhof Hittfeld, dann Bus 4148, Haltestelle Helmstorf Moorstraße

Trinkwasser
sparen –
mehr
Prosecco trinken!

Mystisch & geheimnisvoll

44 Die Kunststätte Bossard in Jesteburg

Es ist ein Ort der Stille, der Natur und auch des Glücks, der mitten in der Lüneburger Heide, versteckt im Wald zwischen Jesteburg und Lüllau, liegt. Vor allem ist dieser Ort etwas Besonderes, spürt man doch immer noch den Geist zweier großer Künstler hier nachwirken, die hier begraben liegen. Auf dem drei Hektar großen Heidegrundstück verwirklichten der gebürtige Schweizer Johann Michael Bossard und seine Frau Jutta Bossard-Krull ihren Lebenstraum. Wenn man das Museum der Kunststätte betritt, begrüßen einen schon in der Gartenanlage verschiedene Steinfiguren der Skulpturenreihe. Neben dem Wohn- und Atelierhaus steht der 1926 in Backsteinexpressionismus errichtete Kunsttempel, der an eine Kirche oder ein kleines Schloss erinnert. Das Innere ist besonders aufwendig gestaltet mit Mosaikfußboden und bemalten Fenstern sowie einem Polyptychon, einem Altar mit aufklappbaren Bildtafeln. Auch das Wohn- und Atelierhaus wurden künstlerisch verschönert und sind zu besichtigen. Bossard bemalte Möbel und Wandvertäfelungen sowie Fenster und andere Gebrauchsgegenstände. Sämtliche Böden sind handbemalt oder mit eigens gestalteten Teppichen bedeckt. Die Bossards schufen ein Gesamtkunstwerk, in dem sich der Zeitgeist des frühen 20. Jahrhunderts widerspiegelt. Sie versuchten Kunst, Musik, Dichtung, Architektur, aber auch Natur und Nahrung sowie Alltagskultur neu zu gestalten und gehörten damit zur „Lebensreformbewegung“, in der sich Kunst und Leben begegneten. Ein bekanntes Beispiel dafür ist auch die Künstlerkolonie in Worpswede. Die Kunststätte verzaubert den Besucher. Verstärkt wird der Eindruck, wenn man durch die wunderschöne Gartenanlage spaziert: Durch Klostergarten, Gemüse- und Obstbaumgärten und romantische Alleen zu einer von Bossard selbst angelegten Monolithenallee, an deren Ende er, der 1950 in Jesteburg verstarb, und seine 1996 verstorbene Frau beerdigt wurden.

- Kunststätte Bossard, Bossardweg 95, 21266 Jesteburg
www.bossard.de
- ÖPNV: Bahnhof Buchholz, Bus 4207 und 4630, Haltestelle Lüllau/Wiedenhof oder Lüllau/Kohlhoff (plus 25 Min. Fußweg)

Vom Fischmarkt im Wald

45 Waldgaststätte und Heidemuseum in Walsrode

Wer Walsrode und den Vogelpark besucht, sollte auch einen Abstecher ins Heidemuseum Rischmannshof machen, immerhin gehört es mit seinen über hundert Jahren zu einem der ersten Freilichtmuseen Deutschlands. Hier erfährt man auch mehr über den Heidedichter Hermann Löns. Das Museum wurde 1912 eröffnet und zeigt das bäuerliche Leben in der Heide. Zu sehen gibt es ein großes Hallenhaus und seine Nebengebäude. Liebevoll eingerichtet sind die Gebäude mit den Möbeln und Gerätschaften aus der Zeit um 1900. Auch eine Abteilung zur Geschichte der Stadt Walsrode und ein Hermann-Löns-Zimmer sind hier zu finden. Hier sieht man originale Gebrauchsgegenstände und Möbel des Dichters sowie seine Erstausgaben und einige weitere Werke. Das Museum ist eher ruhig gelegen. Die Hauptveranstaltungen sind die Walsroder Backtage und der Adventsmarkt. Der Glücksort für Kinder liegt nur ein paar Meter die Straße vom Museum hinauf. Mitten im Wald liegt der Abenteuerspielplatz Eckernworth. Er ist sehr sauber und mit vielen Geräten und Sitzmöglichkeiten für Erwachsene ausgestattet. Hier kann nach Herzenslust geschaukelt und gespielt werden. Die Erwachsenen finden ihr Glück in der direkt daneben liegenden Waldgaststätte Eckernworth, wo man im Sommer herrlich draußen sitzen kann. Eckernworth bietet viele verschiedene Veranstaltungen an, wie zum Beispiel das Forellenfest im Winter oder besondere Spargelessen im Frühling. Da sie im Wald liegt, ist die Atmosphäre rustikal und gemütlich. Passend dazu gibt es auch Wild-, Schnucken- und Fischspezialitäten. Kulinarischer Höhepunkt ist der jährliche Eckernworther Fischmarkt in der Vorweihnachtszeit. Hier werden lebendige und portionierte Karpfen und Forellen sowie Fisch aus dem Räucherofen zum Verkauf angeboten. Dazu gibt es verschiedene Marktstände, Kinderkarussells und einen Tannenbaumverkauf. Abgerundet wird alles mit Livemusik. Wenn auch noch Schnee liegt, herrscht am Waldrand eine ganz besondere Stimmung, die Freude auf das kommende Fest weckt.

● Heidemuseum Rischmannshof, Hermann-Löns-Straße 8, 29664 Walsrode www.heidemuseum-walsrode.de ; Waldgaststätte Eckernworth, Hermann-Löns-Straße 19, 29664 Walsrode, www.eckernworth.de
● ÖPNV: Bahnhof Walsrode, dann Bus 510, Haltestelle Krzg. Eckernworth (plus 10 Min. Fußweg)

Barfuß ins Glück

46

Der Barfußpark Egestorf

Barfußgehen machte uns schon als Kinder glücklich, wieso also nicht auch als Erwachsene? Die aktuelle Forschung beweist: Barfußgehen ist gesund, macht glücklich und zudem schlau. Ohne Schuhe wirkt die Stimulation an den Fußsohlen positiv auf die inneren Organe. Gleichzeitig wirkt sich das Barfußgehen positiv auf die Abwehrkräfte aus, kräftigt den Rücken und pflegt die Füße. Klingt doch gut, oder?

Der Barfußpark Egestorf mitten in der Lüneburger Heide ist also ein richtiger Glücksort. Man spaziert durch ein 14 Hektar großes Gelände mit mehr als 60 Stationen mit unterschiedlichen Böden von Gras bis Glas. Mal läuft man über Tannenzapfen, mal durch feinen Sand, dann wieder durch Quellwasser oder durch Matsch. Eine Fußmassage ist also gleich inbegriffen. Aber nicht nur die Füße können sich hier erholen, der Spaziergang in frischer Waldluft ist für den ganzen Körper entspannend. Es gibt Rundwege von wahlweise 1,3, 1,9 oder 2,7 Kilometern Länge, die durch Wiesen, Felder, Bäche und Wälder führen.

Im Park werden alle Sinne angesprochen: Verschiedene Stationen wie Riechkästen, Waldxylophon oder das Baumtelefon kann man ausprobieren. Im Kräutergarten gibt es zum Beispiel unendlich viele Düfte und Blüten zu entdecken. Wer Abwechslung möchte, krabbelt durch den Kriechtunnel, und wer Yoga liebt, bucht den dreistündigen Kurs „Yoga-Wald- Entspannung“. Die Yogis werden im Yoga-Wald über einen wunderschön angelegten Yoga-Pfad mit neun Stationen von Asana zu Asana geführt. Asana ist eine Yoga-Übungseinheit.

Ein besonderes Highlight ist das Salzineum im Park. Es ist mit seinen Salzkristallen nicht nur für die Füße, sondern mit seiner salzigen Luft auch für die Atemwege wohltuend. Zum Schluss dürfen sich die Füße bei einem Kräuterbad entspannen, oder man gönnt sich bei den Knabberfischen eine extra Fußpediküre oder eine thailändische Fußmassage. Eins kann man wirklich festhalten, am Ende fühlt man sich wunderbar müde, wie nach einem erlebnisreichen Tag in der Kindheit.

- Barfußpark Egestorf, Ahornweg 9, 21272 Egestorf
  www.barfusspark-egestorf.de
- ÖPNV: Bahnhof Buchholz, dann Bus 4207, Haltestelle Dorfpark

Verzauberte Welt im Moor

47

Spaziergänge durchs Pietzmoor

Als Kind und noch heute liebe ich das Gedicht von Annette Freiin von Droste-Hülshoff „Der Knabe im Moor". „O, schaurig ist's, übers Moor zu gehen, wenn es wimmelt vom Heiderauche…" Schaurig ist das Pietzmoor in Schneverdingen ganz und gar nicht, im Gegenteil, es ist ein echter Glücksort. Im Herbst können sich hier tatsächlich die „Dünste drehn", wie im Gedicht beschrieben, aber dies verzaubert eher als beängstigend zu wirken. Ansonsten ist das Moor ein freundlicher Ort, den man über einen Holzsteg betritt. Damit taucht man ein in eine fremde, verzauberte Welt voller Wasserflächen, Libellen und Vogelgezwitscher. Auf dem fünf Kilometer langen Rundweg aus Bohlenstegen wandert man quer durch diese faszinierende Hochmoorlandschaft. Zehn Tafeln erklären die Entstehungsgeschichte und die Tier- und Pflanzenwelt des Moores. Im Frühling trifft man blaue Frösche. Sie leuchten alljährlich zur Paarungszeit in der auffälligen Farbe, um ihren Weibchen zu imponieren und bieten auch den menschlichen Besuchern ein farbenfrohes und lautes Spektakel. Nicht nur die Heideblüte ist berühmt, sondern auch die Wollgrasblüte im Pietzmoor. Im April und Mai wogen die Wattebäusche des Wollgrases im Wind und bieten einen Anblick wie Schneebälle auf dem Moor. Im Sommer tanzen die Libellen über den Wasserflächen, und die Kreuzottern wärmen sich in der Sonne. Der Herbst mit den bunten Blättern und den aus dem Moor aufsteigenden Nebeln bietet wieder eine ganz andere Stimmung, ebenso der Winter mit Eis und Schnee. Das Moor ist zu jeder Jahreszeit faszinierend. Das ungefähr 8000 Jahre alte Pietzmoor liegt am Südrand des Naturschutzgebietes und hat eine Fläche von 2,5 Quadratkilometern. Gegenüber beginnt die Osterheide, daher bietet es sich an, eine Moorwanderung mit einem Heidespaziergang zu kombinieren. Wer das Pietzmoor länger genießen möchte, kann im Hotel Schäferhof direkt am Moor übernachten. Das Hotel besteht aus mehreren Fachwerkgebäuden. Das Restaurant bietet für Tagesausflügler eine gute regionale Küche mit Spezialitäten wie Heidschnuckenkeule.

- Pietzmoor: Anfahrt über Heberer Straße 100, 29640 Schneverdingen
- ÖPNV: Bahnhof Schneverdingen, dann Bus 103, Haltestelle Ernst-Dax-Straße

Im Herzen der Heide

48 Der Wilseder Berg in Bispingen

Wer in Lüneburg wohnt oder in der Heide Urlaub macht, muss unbedingt eine Wanderung oder Radtour zum Wilseder Berg unternehmen. Er ist so etwas wie der Stolz der Norddeutschen, ist er doch mit 169,2 Metern Höhe die höchste Erhebung der nordwestdeutschen Tiefebene. Der Berg und die Umgebung sind autofrei. Vom Gipfel hat man bei klarer Sicht einen schönen Blick auf Hamburger und Lüneburger Kirchtürme. Hier stehen mehrere Bänke für die Wanderer bereit, auf denen man sich herrlich ausruhen, seine mitgebrachte Mahlzeit und den Blick in die Heide genießen kann.

Der Wilseder Berg liegt im Zentrum der Heide. Er und der Totengrund gehören zu den ersten Grundstücken des heutigen Naturschutzgebietes, die der Heidepastor Wilhelm Bode aus Egestorf für den Verein Naturschutzpark e.V. 1910 ankaufte. Nach seinem Tod 1927 wurde übrigens seine Asche auf dem Berg verstreut. Auf dem Gipfel steht ein Gipfelstein mit einem Metallkegel mit Entfernungsangaben. Es handelt sich hier um die sogenannte „Gauß-Säule". Carl Friedrich Gauß war Professor der Astronomie und Direktor der Sternwarte der Universität Göttingen. Er wurde 1820 von König Georg IV. beauftragt, das Königreich Hannover zu vermessen. Dafür benutzte Gauß auch den Berggipfel des Wilseder Berges als einen Punkt. Im Metallkegel sind Richtungs- und Entfernungsangaben zu Erhebungen und Städten in der Umgebung eingraviert.

Vom Gipfel hat man auch einen schönen Blick in den Totengrund, einen Talkessel am Berg. In der Sagenwelt der Heide sind der Toten- und der Steingrund mit dem Kampf verfeindeter Riesen verknüpft. Vermutlich wurde der Totengrund aber nach der Unfruchtbarkeit dieses Gebietes benannt. Der Wilseder Berg ist mit dem Fahrrad von Undeloh aus in ca. 30 Minuten über naturbelassene Wald- und Sandwege zu erreichen. Schon die Fahrt durch den stillen Wald ist wunderschön, vor allem wenn die Heide blüht. Leihräder und auch Elektroräder gibt es in der Ortsmitte von Undeloh.

- Wilseder Berg, im Naturpark Lüneburger Heide, 29646 Bispingen
- ÖPNV: Anreise über die Heideorte Undeloh, Wilseder Straße oder Niederhaverbeck, Oberhaverbeck, Volkwardingen und Döhle

Vom Glück der heißen Reifen

49

Ralf Schuhmacher Kartcenter in Bispingen

Gas geben und Formel-1-Feeling erleben ist hier das Motto, das die Herzen von Groß und Klein schneller schlagen lässt und gleichzeitig ein vollkommenes Kontrastprogramm zum Idyll der Heidelandschaft darstellt. Doch wer seine Wanderschuhe mal gegen ein Kart eintauschen möchte, ist hier genau richtig. Das Schöne ist, dass nicht nur eingefleischte Kartfahrer auf den Bahnen zu finden sind, sondern Besucher aller Altersklassen. Familien mit Kindern oder ganze Gruppen können hier ihre Bahnen ziehen. Kinder knattern dabei mit speziellen Karts in verkürzter Bauweise und mit gedrosselter Leistung über die Strecke. Sogar die ganz Kleinen ab drei Jahren werden im Außenbereich zu Mini-Piloten. Das Ralf Schuhmacher Kartcenter verfügt über eine Out- und Indoor-Kartbahn. Wer die Indoor-Kartbahn betritt, wird schon im Eingangsbereich von einem originalen Rennboliden von Ralf Schuhmacher erwartet, welcher auf das Thema einstimmt. Auch auf der Fahrstrecke kurvt man um weitere originale Formel-1-Rennwagen herum. Die Indoorhalle zählt zu einer der modernsten Kartanlagen Europas und wurde 2001 fertiggestellt. Die Streckenlänge beträgt 600 Meter, die Outdoor-Kartbahn ist 1000 Meter lang und kann mit bis 70 Stundenkilometern befahren werden, sogar bei schlechtem Wetter. Ein Teil der Karts ist regentauglich mit echter Renn-Regenbereifung ausgestattet. Rennfeeling pur. Bevor es auf die Strecke geht, bekommt man eine ausführliche Einweisung über die Fahreigenschaften des Karts und zur Flaggenkunde. Der Fuhrpark besteht aus über 100 Karts, und jährlich werden alte gegen neue Modelle ausgetauscht. Wer es professionell angehen lassen möchte, kann sich zur Kartschule anmelden, wo man korrektes Überholen, Tipps zur Ermittlung von Ideallinie, Brems- und Beschleunigungspunkten erlernt. Für Kinder gibt es die Kinderkartschule. Früh übt sich, wer der nächste Ralf Schuhmacher werden möchte. Zum Abschluss lohnt sich ein Besuch des Restaurants im Obergeschoss der Kartbahn mit Panoramaaussicht auf die Rennstrecke und vielen Requisiten der Formel 1.

TIPP

Im Untergeschoss der Kartbahn gibt es ein Bowlingcenter mit sechs modernen Bowlingbahnen.

- Ralf Schuhmacher Kartcenter, Horstfeldweg 1, 29646 Bispingen www.rs-kartcenter.de
- ÖPNV: Bahnhof Soltau, dann Bus 154 Haltestelle Bispingen Horstfeldweg

Ralf
Schumacher
Kart & Bowl

Hier schlägt Lüneburgs Herz

50

Der Marktplatz Am Sande

Wer hier nicht Zeit verbrachte, war nicht in Lüneburg. Der Platz Am Sande gehört wohl zu den schönsten Plätzen Deutschlands. Er bietet einen prachtvollen Blick auf verschiedene Arten von Giebelhäusern und verströmt eine besondere, im Sommer fast südeuropäische Atmosphäre. Denn hier befinden sich viele Restaurants und Cafés, in denen man bei herrlichem Wetter wundervoll draußen sitzen und das Geschehen ringsum beobachten kann. Gleichzeitig ist hier der geeignete Startpunkt zum Beginn einer Shoppingtour, die dann weiterführt über die Kleine und Große Bäckerstraße.

Am Sande kann man vor allem Häusergiebel betrachten, die dem interessierten Beobachter einen Eindruck der lüneburgischen Architektur vermitteln. Die ältesten Giebel stammen aus dem 14. und 15. Jahrhundert. Sie zieren die Häuser Am Sande 50 und 53. Die auffälligsten Gebäude sind die heutige Industrie- und Handelskammer aus schwarz-weiß glasierten Backsteinen sowie das einstige Brauhaus „das Schwarze Haus“ am westlichen Ende des Platzes, wo sich heute eine Gaststätte befindet. Besonderes Augenmerk verdient auch das Gebäude der Einhorn Apotheke, die an der Gebäudeseite ein kleines Einhorn schmückt. Im Osten grenzt die St. Johanniskirche an den Platz, die bereits die Adresse „Bei der St. Johanniskirche 2“ trägt. Sie ist die älteste Kirche der Stadt Lüneburg und leicht schief. Von hier aus hat man aber einen schönen Blick auf die ganze Straße und nebenbei einen kostenlosen Sitzplatz. Ein Baum mit einer Rundbank lädt zum Verweilen ein: Ein wirklich schönes Örtchen für eine kleine Pause.

TIPP

Kutschfahrt durch Lüneburg auf dem gelben Wagen, dem Planwagen, im Landauer und der Wagonette.

Im Mittelalter war der Platz nur mit Sand bedeckt, daher der Name „Am Sande“. Hier stellten die Kaufleute ihre Pferdefuhrwerke und Ochsenkarren ab und wurde reger Handel getrieben. Salz war dabei eines der wichtigsten Handelsgüter. Der Salzhandel fand in dem Haus Am Sande 45 statt. Von diesem Platz verliefen die Handelsstraßen nach Magdeburg und Braunschweig, Hamburg und Lübeck.

- Am Sande, 21335 Lüneburg
- ÖPNV: Bus 5009, 5300, 5015, Haltestelle Am Sande

LOTTO

Mühle mit Café

51 Meyer's Windmühle Bardowick

Es ist ein bisschen wie in alten Zeiten in einem Ort, wo die Zeit stehengeblieben ist und die Mühle noch klappert, während man genüsslich Kaffee trinkt und Kuchen aus heimischen Zutaten isst. Die Mühle Bardowick ist eine von sehr wenigen gewerblich genutzten Windmühlen Deutschlands. Hier wird Getreide noch mit Windkraft gemahlen. Die Mühle wurde schon im Jahr 1812 von Johann Friedrich Meyer gebaut. Bis 1907 wechselte sie achtmal den Besitzer. Der Müller in sechster Generation ist Eckhard Meyer. Er übernahm den Betrieb 1996. Im Jahr 1854 begann die Familie Meyer in Schneverdingen mit der Müllerei und besaß verschiedene Mühlen. Das Korn der Bardowicker Bauern wird zu Mehl vermahlen, in der Backstube im 2005 eingerichteten Holzbackofen zu „Mühlenbrot“ oder leckerem Butterkuchen gebacken und im Café daneben, natürlich mit Blick auf die Mühle, den Gästen angeboten. Der Mühlenladen verkauft Naturkost, Futtermittel und Gartenbedarf. Sogar einen Lehrling leistet sich die Mühle. Dieser allerdings wird der Letzte sein, der die Berufsbezeichnung „Müller“ trägt, denn der Lehrberuf heißt heute schlicht „Verfahrenstechniker für die Getreidewirtschaft“. Das ZDF-Mittagsmagazin berichtete sogar darüber. Nach Anmeldung ist auch eine Führung durch das produzierende technische Denkmal möglich.
Wer die Mühle besucht, sollte auch durch den Ort schlendern, einer der ältesten Niedersachsens, bereits 795 urkundlich erwähnt. Hier soll 795 in unmittelbarer Nähe schon Karl der Große sein Lager aufgeschlagen haben, um gegen die Sachsen zu kämpfen. Damals lebten viele Kaufleute in Bardowick. Die Stadt wuchs zu einem der größten Zentren Norddeutschlands heran, größer als die historische Innenstadt Lüneburgs. Leider gab es 1371 einen verheerenden Stadtbrand, der auch den alten Dom zerstörte. Heute ist Bardowick ein verschlafenes Örtchen mit einer kleinen Fußgängerzone, dem Dom und einem Zentrum für den Spargelanbau.

- Meyer's Windmühle, Mühlenstraße 36/38, 21357 Bardowick
www.meyers-windmuehle.de
- ÖPNV: Bahnhof Bardowick

1813
1994

Wilde Tiere und Afrikafeeling

52 Serengeti Park in Hodenhagen

Wer schon immer mal auf Großwildsafari gehen wollte, findet hier sein Glück. Hier ist man auf 220 Hektar bei rund 1500 Tieren zu Besuch und verzichtet auf anstrengende Langstreckenflüge in Richtung Afrika, Asien oder Südamerika. Im eigenen Auto oder in Bussen fährt man durch den Serengeti Park im niedersächsischen Hodenhagen. Bei der Serengeti-Safari kann man im Park neben Giraffen, Gnus oder Antilopen aus Afrika auch Tiere aus Russland wie die Yaks, Trampeltiere aus Asien oder Nandus aus Südamerika sehen. Besonders spannend sind die weißen Löwen und der Bengalische Tiger. Im Elfenbeintal, einem extra angelegten Gebiet, befinden sich die afrikanischen Elefanten. Der Park ist in die drei Bereiche Serengeti-Safari, Dschungel-Safari und Abenteuer-Safari unterteilt. Neben der Serengeti-Safari ist er auch ein Freizeitpark, denn in dem Gebiet der Abenteuer-Safari stehen künstliche Tiere und viele verschiedene Fahrgeschäfte für Kinder und Erwachsene bereit. Über Kopf geht es in der Achterbahn „Frosch-Flitzer“, und eine rasante Fahrt ist im Kumba Twister oder der Riesenschiffschaukel zu unternehmen. Auch eine Aqua-Safari mit Florida-Airboats oder eine Quad-Safari werden angeboten. Nach den Abenteuern kann man sich im Serengeti-Restaurant „Zansibar“ stärken. Im Bereich Dschungel-Safari geht es ausschließlich um Affen. In zum Teil begehbaren Gehegen trifft man 20 verschiedene Affenarten. Hier ist übrigens auch der Ende März 2013 vom Zoll am Flughafen München beschlagnahmte Weißschulterkapuzineraffe von Justin Bieber untergebracht. Romantisch mit schöner Geräuschkulisse wird es spätabends. Dafür bietet sich eine Übernachtung in den 80 Safari-Lodges und 40 Masai Mara Lodges mit direktem Blick auf die Tiere an. Der Serengeti-Park, 1974 nach einer Idee des Unternehmers Charlie Stein eröffnet, ist als zoologischer Garten anerkannt und wurde 2009 als Lernort im Bereich „Bildung für nachhaltige Entwicklung“ vom niedersächsischen Kultusministerium ausgezeichnet.

● Serengeti-Park, Am Safaripark 1, 29693 Hodenhagen
www.serengeti-park.de
● ÖPNV: Bahnhof Hodenhagen

Gemütliche Stunden mit Buch

53

Das Café Book in Jesteburg

In einem alten Fachwerkhaus mitten im Heideörtchen Jesteburg liegt das Café Book. Wer die Kunststätte Bossard in Lüllau besichtigt hat, sollte auch in Jesteburg Halt machen. Der Ort ist klein, aber hübsch anzuschauen. Hier gibt es noch viele alte Fachwerkhäuser und eine nette Einkaufsstraße, den Kirchweg. An diesem liegt auch das Café Book. Es wurde im März 2017 von drei Journalistinnen eröffnet und ist ein richtiger Wohlfühlort, in dem der Gast gemütlich „schmökern" und selbstgebackenen Kuchen genießen kann. In dem liebevoll eingerichteten Café sitzt man wie zu Hause im Wohnzimmer. Zusammen mit der Buchhandlung „Wortwerke" werden hier selbst verlegte Bücher ausgelegt und verkauft. Die Bücher gehören nicht zum Programm großer Verlage und sind trotzdem kleine Schätze. Vom Liebesroman über Krimi, Belletristik oder Fantasy ist fast alles zu haben. Darüber hinaus finden jede Woche Lesungen von Autoren statt sowie Live-Musik-Veranstaltungen am Wochenende. In dem kleinen Örtchen kennt man sich übrigens und kommt schnell miteinander ins Gespräch. Allein bleibt hier keiner lange.

Das Café befindet sich übrigens im Gebäude des alten „Sammanns Hus", man muss also nur um die Ecke gehen und entdeckt einen besonderen Antiquitätenhändler. Die Familie Smutek verkauft hier Uhren, Möbel und Kleinkunst, arbeitet in der Werkstatt aber auch alte Möbel auf und kombiniert sie mit neuen Objekten. In dem vollgestopften Laden findet man viele kleine und große Besonderheiten, von Porzellan über Schmuck, Gartenmöbel und Uhren. Auch Gemälde kann man erwerben, einige stammen von dem Besitzer, Jürgen Smutek, selbst. Schon in den 70er- Jahren engagierte er sich für die Kunst am Bau. Heute ist er ein gefragter Maler und widmet wieder mehr Zeit der Malerei. Sammanns Hus feierte 2018 sein 40-jähriges Jubiläum. Es ist ein Ort, wo es sich lohnt, einfach mal ein bisschen zu stöbern.

- Café Book, Kirchweg 3, 21266 Jesteburg, www.cafe-book.de und Sammanns Hus, Hauptstraße 26, 21266 Jesteburg, www.sammannshus.de
- ÖPNV: Bahnhof Buchholz, dann Bus 4408, Haltestelle Jesteburg Sandbarg

Blauer See mitten im Wald

54

Tretboot fahren und relaxen am Lopausee

Eine kleine und vor allem ruhige Glücksoase ist der Lopausee außerhalb der Zeiten des Heideblütenfestes, bei dem er regelmäßig im Mittelpunkt steht. Hier ist an einem schönen Sonntagnachmittag im Hochsommer die Welt noch in Ordnung, und man fühlt sich ein bisschen wie in Schweden, wenn man an der sich spiegelnden Wasserfläche steht, über die Libellen schwirren und Mücken tanzen und Angler ganz in Ruhe ihre Leinen auswerfen. Entweder rollt man jetzt sein Badehandtuch am kleinen Badestrand aus oder geht eine Runde schwimmen. Im See lädt ein Ponton zum Verweilen, Ausruhen und Sonnen ein. Der Lopausee dient ausschließlich als Natur- und Naherholungsgebiet und hat eine hervorragende Wasserqualität. Auch eins der bunten Tretboote kann man mieten, den See in einer Stunde umrunden und vom Wasser aus das Treiben am Ufer beobachten. Wer lieber auf festem Boden bleibt, kann den See auf einem 2,2 Kilometer langen Fuß- und Radweg umwandern. Für Kinder und Erwachsene gibt es einen Erlebnispfad mit fünf Stationen vom Barfußpfad bis zum Fledermaus-Labyrinth. Angler können Gastkarten an der Tourist-Information Amelinghausen erwerben. Charmante Cafés und Restaurants liegen um den See und laden zu einer ausgedehnten Pause ein, wie zum Beispiel das „Café Seestübchen", wo man in Strandkörben Currywurst und Pommes und auch Kuchen genießen kann. Beim Café „Lopau-Seeblick" bekommt man Tretboote für die Umrundung des Sees geliehen sowie leckeren, selbstgebackenen Kuchen nach der kleinen „Seefahrt". Für den perfekten Sommertag gibt es also nichts Besseres als einen Ausflug an den Lopausee mitten in der Lüneburger Heide. Er wurde übrigens 1973 aus dem Fluss „Lopau" zu einem See aufgestaut, um ein neues Freizeitgebiet zu schaffen, und war der erste künstliche See im damaligen Kreis Lüneburg. An den See grenzen der Lopaupark und das Lopautal, welches teilweise unter Naturschutz steht. Die Lopau entspringt übrigens im Sumpfgebiet mitten im militärischen Sperrgebiet des Truppenübungsplatzes Munster Nord.

TIPP

Marxener Paradies. Eine Talsenke mit außergewöhnlicher Natur. Ein kleiner Rundweg führt um das Paradies.

● Lopausee, An der Lopau, 21385 Amelinghausen
Café Lopau-Seeblick und Tretbootverleih, Auf der kalten Hude 4, 21385 Amelinghausen
● ÖPNV: Busbahnhof Amelinghausen (plus 20 Min. Fußweg)

Glück in bunten Tüten

55 Lüneburger Bonbon Manufaktur

Ein zuckersüßer Duft liegt hier in der Luft, und man kann sich nicht sattsehen an den vielen Sorten, Formen und Farben, wie den Lüneburger Salz-Stinten aus Lakritz, den Lüneburger Hansegiebeln aus Fruchtgummi oder der Zartbitterschokolade „Rote Rosengrüße". Die Leckereien werden wie zu Omas Zeiten in Behältern und Gläsern aufbewahrt oder in Tütchen und Beutelchen. Der Besucher kann sich selbst eine „bunte Tüte" zusammenstellen.

In der Lüneburger Bonbon Manufaktur gibt es eine Auswahl von über 100 Bonbonsorten und anderen Leckereien wie Lollis, schwedische und finnische Lakritze, Fruchtgummis sowie handgefertigte Schokolade. Dabei werden hauptsächlich natürliche Farben und Aromen verwendet.

Täglich, außer montags, um 12 und 15 Uhr, kann man live bei der Herstellung von Bonbons und Lakritzen mit den dabei eingesetzten Walzen und Formen zusehen. Die Produkte, die entstehen, sind nicht einfache Bonbons, sondern kleine Kunstwerke, wie die Lüneburger Hansegiebel in bunten Farben. Für die Lollis wurden extra Silikonformen gefertigt, der Hansegiebel sogar beim Patentamt patentiert. Das Filmteam der Serie „Rote Rosen" war auch schon da. 2016 kam das Geschäft in einer Folge vor.

Wer selbst einmal Bonbons herstellen und im bunten und vor allem süßen Glück schwelgen will, die Bonbon Manufaktur bietet verschiedene Workshops an, unter anderem auch den „Junggesellinnenabschied", Firmen-Events und Kindergeburtstage. Das Naschen macht in einer großen Gruppe doch gleich nochmal so viel Spaß.

Die Lüneburger Bonbon Manufaktur wurde 2012 von den Brüdern Sven und Hans Seelenmeyer gegründet. Die Idee dazu kam ihnen auf der dänischen Insel Bornholm, wo es traditionell Bonbonmanufakturen gibt. Sie ist die einzige Bonbonmanufaktur in Deutschland, die alle Bonbontypen herstellt. Dazu gehören geprägte Walzenbonbons mit Motiven, handgezogene Rock-Bonbons mit Motiven (runde Bonbons mit einer harten Außenschicht und Füllung) und Bonbonkissen.

- Lüneburger Bonbon Manufaktur, Lünetorstraße 1, 21335 Lüneburg
www.lueneburger-bonbonshop.de
- ÖPNV: Bahnhof Lüneburg (plus 10 Min. Fußweg)

LÜNEBURGER
BONBON MANUFAKTUR
Sorte
Lüneburger Hansegiebel Fruchtmix
Zitrone,Waldmeister,Heidelbeere,Erdbeere
VEGAN
HANDGEMACHT
MARKTWARE

Gesundheit und Wohlergehen

56 Die Alte Raths-Apotheke in Lüneburg

Diese Apotheke betritt man, um zu staunen. Nicht nur das Gebäude, das 1598 vollendet wurde, auch das reich verzierte Portal in auffälligen Farben ist mit seiner lateinischen Inschrift und den Figuren am Eingang bemerkenswert. Die zwei Frauen mit den Tieren symbolisieren die Sinne: Die linke Frau mit dem Hund verkörpert den Geruch (Olfactus), die rechte mit dem Affen den Geschmack (Gustus). Die Farbe des Portals wurde nach dem historischen Vorbild aus dem 17. Jahrhundert Ende der 1980er-Jahre wiederhergestellt. Im Sandstein steht die Weisheit von Salomon eingemeißelt (12. Vers des 16. Kapitels der Weisheit Salomonis), welche übersetzt bedeutet „Es heilte sie weder Kraut noch Pflaster, sondern dein Wort, Herr, welches alles heilet." Die Übersetzung stammt von Martin Luther. Im Inneren sind die ursprünglichen Strukturen erhalten geblieben, wozu die Deckenbemalungen aus dem 16. Jahrhundert mit bekannten Medizinern wie Andreas Vesalius und Conrad Gessner und der historische Fußboden zählen. Die Regale stehen voller Glasflaschen, eine alte Apothekerwaage ist ebenfalls zu sehen. Bereits 1475 kaufte der Rat der Stadt Lüneburg die bereits bestehende Apotheke in der Großen Bäckerstraße 5. Damals entstand der heutige Name, Alte Raths-Apotheke. Im Jahr 1524 wurde die Apotheke in die Große Bäckerstraße 9 verlegt, wo sie sich immer noch mitten in der beliebtesten Einkaufsstraße Lüneburgs befindet. In dieser Apotheke spürt man einen Hauch der alten Heilkunst der vergangenen Jahrhunderte und glaubt ins Mittelalter versetzt worden zu sein. 1693 wurde im Keller übrigens eine Kaffeestube eingerichtet, die heute allerdings nicht mehr existiert. Ein schöner Gedanke für eine Apotheke. Etwas Neuzeitliches und Besonderes gibt es hier auch zu kaufen, denn das Team der alten Raths-Apotheke hat eine Feuchtigkeitscreme mit echter Lüneburger Sole entwickelt, deren Mineralien die Feuchtigkeit der Haut erhalten sollen. Diese Apotheke macht eindeutig Spaß und hilft, ganz schnell gesund zu werden.

● Alte Raths-Apotheke, Große Bäckerstraße 9, 21335 Lüneburg
www.alterathsapotheke.de
● ÖPNV: Bus 5009, 5300, 5015, Haltestelle Am Sande

Raths-Apotheke
1598
9

Ein lauschiges Plätzchen

57 Freilichtmuseum De Theeshof in Schneverdingen

Auf einer Bank mitten im Freilichtmuseum „De Theeshof“ in Schneverdingen sitzt Hermann Löns und betrachtet die Heidelandschaft. Es ist natürlich nur eine Statue des bekannten Heimatdichters, aber genau wie er kann man im „De Theeshof“ ein paar gemütliche Lieblingsplätze ausmachen und die Heide sowie eine urtypische Dorflandschaft genießen. Im Sommer ist ein Besuch im „De Theeshof“ besonders empfehlenswert, finden hier doch zahlreiche Veranstaltungen wie Schmalzbrotabende oder Bauernmärkte statt. Beim Schmalzbrotabend sitzt man gemütlich unter den alten Eichen, labt sich an regionalen Spezialitäten und erfreut sich an den Darbietungen verschiedener Künstler sowie Musik- und Volkstanzgruppen. „De Theeshof“ ist urkundlich nachgewiesen einer der größten und ältesten Höfe. Er stammt ursprünglich aus dem Dorf Hansahlen und wurde noch bis 1872 von der Familie Worthmann bewirtschaftet. Der Hof wurde 1978 von der Stadt Schneverdingen erworben und dient seit 1978 dem Heimatbund Schneverdingen e.V. als Heimatmuseum.

TIPP

Die Klein Eilstorfer Museums Schule in Walsrode.

Das Haus ist ein urtypisches „Niederdeutsches Hallenhaus“ mit einer Aufteilung in Dönzen, Flett und Diele, typisch für die Jahre um 1830. Im Inneren bekommt man Einblicke in den bäuerlichen Wohn- und Arbeitsbereich Ende des 19. Jahrhunderts. Außerdem gibt es ein Uhrenmuseum mit über 400 Exponaten aus 250 Jahren Zeitgeschichte und ein romantisches Standesamt für alle, die „Ja“ sagen wollen. Noch eine berühmte Persönlichkeit aus der Lüneburger Heide ist hier zu finden, denn im Frido-Witte-Haus ist eine ständige Ausstellung des 1881 in Schneverdingen geborenen Heidemalers und Grafikers Frido Witte zu sehen. Seine Arbeiten zeigen das alte Bauernleben, wie es früher einmal war. Im Treppenspeicher auf dem Gelände sind Gerätschaften der Imkerei, wie zum Beispiel handgefertigte Strohkörbe, untergebracht. Die Bedeutung der Imkerei im Raum Schneverdingen war besonders groß, davon zeugt der bekannte Schneverdinger Spruch: „Severn Honnig, Fell'n un Scho sünd bekannt in'n ganzen Go!“

- De Theeshof, Langelohsberg, 29640 Schneverdingen
www.heimatbundschneverdingen.de
- ÖPNV: Bahnhof Schneverdingen, dann Bus 101, Haltestelle Schneverdingen Quellenbad (plus 15 Min. Fußweg)

La Vita è bella in Lüneburg

58 Die spielenden Kinder an der Lüner Mühle

Gibt es einen romantischeren Ort für Verliebte als die Terrasse des Restaurants einer alten Mühle, die auch noch aus der TV-Serie „Rote Rosen" berühmt ist? Hier kann man Leckeres wie Tapas nordische Art essen und hat einen Blick auf den Hafen und ein Geländer voller Liebesschlösser. Zugegeben, Restaurant und Hotel Bergström sind etwas hochpreisiger. Die „Lüner Mühle Restaurant & Vinothek" bietet eine Auswahl an 500 verschiedenen Weinen. Auf der Außenterrasse gibt es aber auch Bier zu trinken. Zudem steht hier eine Besonderheit, die Skulptur „La Vita è bella", die drei spielende Kinder auf einem historischen Mühlstein zeigt. Als die Lüner Mühle saniert wurde, fand man den alten Mühlstein. Der ehemalige Hotelbesitzer und Lüneburger Unternehmer, Henning J. Claassen, begab sich auf die Suche nach einer besonderen Skulptur, die genau auf diesen Stein passen sollte. Gefunden hat er sie schließlich in einer Berliner Galerie, und sie wurde 2003 in Lüneburg aufgestellt. Er gab dem Mühlstein mit der Skulptur einen Ehrenplatz mit Blick auf Ilmenau und Stint. Die Skulptur ist ein anonymes Werk, angeblich von einem Leonardo Rossi, der wohl ein Phantom ist. Die Lüner Mühle wurde 1576 erbaut. Bis ins 20. Jahrhundert wurde darin Getreide für das Kloster Lüne verarbeitet. Direkt nebenan liegt noch heute das Gebäude der ehemaligen Abtsmühle.

Wenn man sich auf Spurensuche begibt, findet man weitere Skulpturen in Lüneburg, die von Henning J. Claassen in der Stadt aufgestellt wurden. So sitzt die Figur des Schriftstellers Mark Twain, einer der Lieblingsautoren seiner Kindheit, auf einer Bank vor dem Marina Café des Hotels Bergström. Es soll übrigens Glück bringen, wenn man Twains Nase reibt. Vor dem Hotel steht ein Brunnen mit dem Namen „Partner von morgen". Die Skulptur zeigt ein afrikanisches, ein asiatisches und ein europäisches Kind in einer Wasserfontäne. Künstlerin ist die ehemalige Opernsängerin Stineke Willemsen aus den Niederlanden. Ein weiterer Teil der Kunstsammlung von Henning J. Claassen ist in der Galerie im Hotel „Altes Kaufhaus" und im „Palais am Werden" zu sehen.

- Spielende Kinder und Lüner Mühle Restaurant & Vinothek, Bei der Lüner Mühle, 21335 Lüneburg www.restaurant-luener-muehle.de
- ÖPNV: Bus 5009, 5300, 5015, Haltestelle Am Sande

Romantik in der Heide

59

Büsenbachtal und der Heidschnuckenweg

Es handelt sich unumstritten um eine der schönsten Heideflächen in der Lüneburger Heide, und man muss es unbedingt einmal gesehen haben, das Büsenbachtal. Vom Parkplatz, an dem sich auch das Restaurant „Schafstall“ befindet, geht man über einen schmalen Weg in das Tal. Vor einem eröffnet sich malerisch die weite Heidefläche. Hier fließt das verwinkelte Flüsschen Büsenbach, welches aus einem Quellmoor gespeist wird. Plötzlich verschwindet der Bach und taucht erst einige Meter weiter wieder auf. Dieses Phänomen ist eine Besonderheit in der Lüneburger Heide, für die die „Bachschwinden“ verantwortlich sind. Undurchlässige Schichten im Untergrund hindern das Wasser am Versickern. Diese werden dann von lockeren Sandschichten abgelöst, in denen das Wasser plötzlich verschwindet.

Vom „Pferdekopf“, dem höchsten Hügel, hat man eine tolle Aussicht auf das ganze Büsenbachtal. Es liegt übrigens direkt am „Heidschnuckenweg“, einem Qualitätswanderweg. Er wurde 2014 mit seiner zweiten Etappe von Buchholz bis Handeloh als „schönster Wanderweg Deutschlands“ ausgezeichnet. Mit dieser Zertifizierung steht der Heidschnuckenweg in einer Reihe mit den bekannten Wanderwegen Rothaarsteig, Rheinsteig oder Eifelsteig. Er ist insgesamt 223 Kilometer lang und reicht vom Rand Hamburgs bis nach Celle. Die schönste Zeit zum Wandern ist während der Heideblüte im August und September. Aber auch im Winter ist das Büsenbachtal wunderschön und vor allem nicht so überlaufen wie im Sommer. Nach einer langen Wanderung kann man sich im Schafstall erholen. Das reetgedeckte Haus, welches liebevoll renoviert wurde, ist ein beliebtes Ausflugsziel und immer gut besucht. Kuchen, Gebäck und Brote sind hausgemacht und besonders lecker. Auch Kinder sind auf dem Gelände glücklich, denn es gibt einen eigenen Spielplatz. Im Schäferlädchen im Hof findet man außerdem schönes Kunsthandwerk als Erinnerung an den Heidebesuch.

TIPP

Im Örtchen Handeloh wurde die in den 1990er-Jahren beliebte TV-Serie „Neues vom Süderhof“ gedreht.

● Büsenbachtal, in der Ortschaft Wörme, Handeloh
Schafstall, Am Büsenbach 25, 21256 Handeloh, www.cafeschafstall.de
● ÖPNV: RB38, Haltestelle Büsenbachtal

Wollig weich und gemütlich

60 Felto Soltau

In einer Kugel aus Filz gemütlich schaukeln, das geht nur in der Felto-Filzwelt in Soltau. Bei der Filzwelt handelt es sich um ein ganz besonderes Museum sowie eine Kultur- und Bildungseinrichtung in einem denkmalgeschützten Filz-Lagerhaus mitten in der Innenstadt, die 2015 eröffnet wurde. Es diente über 100 Jahre als Lager für die Firma Röders AG, die nebenan Filz produziert. In der Ausstellung geht es vor allem ums Ausprobieren und Mitmachen. Im frei zugänglichen Erdgeschoss gibt es einen tollen Filzmarkt, einen Weltladen und ein gemütliches Bistro. Auf drei Etagen und 1500 Quadratmetern verteilt sich eine Ausstellung, bei der Besucher alles über das besondere Material Filz erfahren. In der Kinder-Etage lernen Groß und Klein das Material bei Experimenten kennen. In einer Arche können Filztiere ertastet werden, und eine große Spiellandschaft aus Filzelementen lädt zum Spielen ein. Hier hängen auch die zwei urgemütlichen Schaukelkugeln aus Filz, die jeder unbedingt ausprobieren sollte. In der zweiten, der Industrie-Etage, wird die industrielle Produktion von Filz erklärt. Eine Maschine zeigt, wie aus Wolle dichter Filzstoff wird. Außerdem geht es um den Filzstandort Soltau und die Firma Röders AG, die seit 1847 Filz herstellt. Die Produkt-Etage im dritten Obergeschoss überrascht den Besucher mit Gegenständen, die auf den ersten Blick nichts mit Filz zu tun haben, wie zum Beispiel das Klavier. Eine große Ausstellung mit altem Filzspielzeug der Firma Steiff ist ebenfalls hier untergebracht. Es gibt noch einen weiteren tollen Ort im Felto, nämlich das Dach, das mit dem Fahrstuhl zu erreichen ist, von wo aus man einen schönen Blick über die Altstadt hat.

Das Felto ist eine Kooperation zwischen der Soltauer Filzfabrik Röders und der gemeinnützigen Stiftung Spiel. Filz hat in Soltau eine lange Geschichte. Im Jahr 1851 begann eine Betriebsabteilung der Soltauer Firma Carl Breiding & Sohn mit der Produktion von Wollfilzprodukten. Daraus wurde 1922 ein eigenes Unternehmen, die Gebrüder Röders AG, das heute noch besteht.

- Felto – Filzwelt Soltau, Marktstraße 19, 29614 Soltau
  www.filzwelt-soltau.de
- ÖPNV: Bahnhof Soltau (Han) (plus 10 Min. Fußweg)

Das Bier im Mittelpunkt

61 Lüneburger Brauereimuseum

Bier macht glücklich, wie der Wissenschaftler Thomas Sommer herausgefunden hat. Der Inhaltsstoff Hordenin hat eine ähnliche Wirkung wie das glücklich machende Dopamin. In Lüneburg wurde traditionell Bier gebraut. In der Vergangenheit gab es ehemals 80 Brauereien. Die Lüneburger Kronen-Brauerei wurde 1485 von Thomas Lampe gegründet und blieb als Einzige bis 2001 bestehen.

Seit 1985 ist das Museum der Lüneburger Kronen-Brauerei im ehemaligen Sudhaus untergebracht. Das Sudhaus wurde 1911 gebaut und ist eines der markantesten Industriedenkmäler Lüneburgs. Auf vier Stockwerken zeigt das Brauereimuseum den Prozess des Bierbrauens mit originalen Exponaten und speziellen Gerätschaften, die zum Bierbrauen benötigt werden. Wie viele Schritte braucht man bis zum perfekten Bier? Diese Frage wird hier beantwortet. Spannend ist auch die Trinkgefäße-Schatzkammer im Haupthaus, die die Bierbrau- und Trinkkulturgeschichte über die Jahrhunderte zeigt. Im Mittelpunkt aber stehen die beiden imposanten Braukessel, in denen der Gerstensaft gekocht wurde, sowie der „Rundfüller", mit dem pro Stunde 2000 Flaschen befüllt wurden.

Die Kronen-Brauerei und auch das „Kronenbier" gibt es nicht mehr, aber das Gasthaus „Krone" direkt am Museum ist geblieben. Neben einem Biergarten, der Sülfmeisterstube für Familienfeiern gibt es auch die Festdiele, die das Flair der vergangenen Jahrhunderte bewahrt hat und einmalig in Norddeutschland ist. Sie wurde 1919 wieder hergestellt und mit wertvollen Antiquitäten ausgestattet. 1986 war auf Einladung von Holsten-Chef Dr. Klaus Asche Bundespräsident Dr. Richard von Weizsäcker zusammen mit Mitgliedern des Ordens „Pour le mérite für Wissenschaften und Künste" zum Mittagessen in der „Krone".

Auch wenn es das „Kronenbier" nicht mehr gibt, so hat Lüneburg doch noch ein eigenes Bier, das Lüneburger Pilsener, liebevoll auch Lüpi genannt. Seit 2016 gibt es das allerdings nur noch im Fass für Gastronomiebetriebe und nicht mehr in der Flasche. Es wird in der zur dänischen Brauerei Carlsberg gehörenden Hamburger Holsten-Brauerei abgefüllt.

- Lüneburger Bierbrauerei, Heiligengeiststr. 39, 21335 Lüneburg
www.brauereimuseum-lueneburg.de
- ÖPNV: Bus 5009, 5300, 5015, Haltestelle Am Sande

ERDINGER
WEISSBRAU
Biergarten
KRONEN – BRAUEREI A.G
Biergarten
geöffnet!
KRONE

Schön ist es in der Heide

62 Autofrei im Heidedorf Wilsede

Ein Dorf wie ein Museum, mitten in der Heide. Das Örtchen Wilsede mit rund 40 Einwohnern liegt im Naturschutzgebiet und ist nur zu Fuß, mit dem Rad oder der Kutsche zu erreichen. Wer Erholung sucht, findet hier ein schönes Plätzchen. Allerdings gibt es eine Einschränkung: Zur Zeit der Heideblüte wird der Ort von Touristen buchstäblich überrannt. Im Hochsommer kommen bis zu 10.000 Personen pro Tag. Mit Erholung ist dann nicht mehr viel. Der Ort, so klein er ist, kann auf eine lange Geschichte zurückblicken. Er wurde bereits 1287 urkundlich erwähnt und bestand im Mittelalter nur aus zwei Höfen. In Wilsede gibt es das Heidemuseum „Dat ole Huus", welches Einblicke in die Lebens- und Arbeitsverhältnisse eines Heidebauernhofes um 1900 gewährt. Im Schafstall neben dem Museum werden Sonderausstellungen zur Lüneburger Heide gezeigt. Hinter dem Hof liegt ein schöner Garten. Das Heidemuseum gehört, wie der Rischmannshof in Walsrode, zu den ältesten Freilichtmuseen Deutschlands. Es wurde bereits 1907 gegründet. Leckere Köstlichkeiten bieten die Milchhalle und das Gasthaus „Zum Heidemuseum". Die Milchhalle ist ein preisgünstiges Selbstbedienungsrestaurant mit Gerichten von der Heidschnuckenbratwurst mit Kartoffelsalat bis zur Heidschnuckenfrikadelle. Wer es lieber süß mag, bekommt den heidetypischen Buchweizenkuchen. Ins Gasthaus „Zum Heidemuseum" geht es buchstäblich „ab durch die Hecke". Hier gibt es im Sommer eine schöne Außenterrasse. Im Juli finden die „Wilseder Schnuckenwochen" statt mit Gerichten rund um die Heidschnucke. Auch Zimmer zur Übernachtung bietet der Gasthof an. Eine weitere Besonderheit ist die „Heide-Ralley", die hier für Gruppen gebucht werden kann. Wilsede erreicht man am besten und romantischsten mit der Kutsche. Hierzu gibt es eine große Anzahl an Angeboten für Kutschfahrten. Die Qualitätskutscher der Lüneburger Heide erzählen während der Fahrt Wissenswertes über die Entstehung der Heide, Tierarten und weitere Sehenswürdigkeiten. Kutschfahrten nach Wilsede gibt es ab Nieder- und Oberhaverbeck, Volkwardingen und Undeloh. Auch Fahrräder können hier ausgeliehen werden.

- Wilsede und das Heidemuseum „Dat ole Hus", Wilsede im Naturschutzgebiet Lüneburger Heide, 29646 Bispingen
- ÖPNV: Bahnhof Buchholz, dann Bus 4631, Haltestelle Undeloh Osterdiecksfeld

Heidemuseum
NATUR

Es wird scharf in der Heide

63 Die Chili-Manufaktur in Soltau

Chili wirkt entzündungshemmend, schmerzlindernd, immunstärkend und appetitzügelnd und kommt anbaufrisch aus der Lüneburger Heide. Wenn das nicht glücklich macht. Natürlich kommt es ursprünglich aus Mittel- und Südamerika und wurde schon früh von den Azteken und Mayas verwendet. Aber in der Heide betreibt Susanne Menke erfolgreich einen Chili-Hof am Rand von Soltau. Als sie 1996 den Hof ihrer Kindheit übernahm, brachte sie im Jahr 2007 auch Chili ins Spiel. 2013 eröffnete sie einen eigenen Hofladen mit ursprünglich sechs Produkten. Heute sind es bereits über 50 Sorten. 2014 wurde das „Relish rot“ als „Kulinarischer Botschafter Niedersachsens“ ausgezeichnet. Im Hofladen findet man die „Oma Hanna“-Kräuterprodukte aus eigenem Anbau oder ganze Chili-Geschenkboxen für liebe Daheimgebliebene.

TIPP
Susanne Menke ist ab und zu mit ihren Produkten auf dem Soltauer Wochenmarkt anzutreffen.

Dass Blüten nicht nur als Dekoration geeignet sind, sondern sich auch zum Würzen eignen, zeigen ihre kreativen Blütenaufstriche, wie „Blumige Zeiten“, „Butterblüten“ oder „Kornblume“. So wird jeder Butterbrotaufstrich zu einem sommerlichen Erlebnis. Susanne Menke stellt ihre Produkte in der Hofküche noch in Handarbeit ohne künstliche Zusatzstoffe und Geschmacksverstärker her.

Ein toller Ort zum Entspannen ist in der Sommersaison von Juni bis September das Hofcafé. Wer hier sitzt, erlebt einen verwunschenen Bauerngarten mit Blick auf die Stauden im Garten, den Kräutergarten, die Obstwiese mit knorrigen alten Bäumen und natürlich das Chili-Feld. Dazu gibt es natürlich nicht nur Chili, sondern auch Torte im Glas, leckeren Butterkuchen und frisch aufgebrühten Kaffee. Die Chili-Pflanzen blühen übrigens den ganzen Sommer über. Reif zur Ernte sind die ersten Chilis im August und September. Wer mehr über die Pflanze lernen will, kann sich auch für eine Führung anmelden.
Richtig „heiß“ wird es beim regelmäßigen Chili Fest auf dem Hof in Soltau, bei freiem Eintritt. Das Fest findet immer am dritten Samstag im Juni statt und ist ein guter Ausgangspunkt, um viel über Chili zu lernen.

● Chili-Manufaktur, Dannhorn, 5, 29614 Soltau
www.die-chili-manufaktur.de
● ÖPNV: Bahnhof Soltau, dann Bus 256, Haltestelle Dannhorn Ort (plus 10 Min. Fußweg)

Vom Glück der lila Blüte

64

Das Heideblütenfest in Amelinghausen

Es ist wohl das größte und stimmungsvollste Fest in der Lüneburger Heide, welches jedes Jahr Mitte August über eine Woche in Amelinghausen gefeiert wird, das Heideblütenfest. Ein wahres Glückserlebnis ist die Eröffnungsveranstaltung, jeweils an einem Sonnabend, am Lopausee in einem romantisch beleuchteten Wald mit der größten Lasershow Norddeutschlands über dem See. Hierfür sollte man sich rechtzeitig ein Plätzchen zum Zuschauen sichern, denn auf dem See findet auch eine abwechslungsreiche Bühnenshow statt, die man nicht verpassen sollte. Den Abschluss bildet ein funkelndes Feuerwerk am späten Abend, das die Heide in Szene setzt. Der folgende Sonntag ist verkaufsoffen, so dass man in dem Heideörtchen typische Souvenirs aus der Heide erwerben oder regionale kulinarische Köstlichkeiten der Region probieren kann. Auch die darauffolgende Woche wird mit Hoffesten, Bühnenshows und Theateraufführungen traditionell gefeiert. Ein außergewöhnliches Highlight ist die Bühnenshow der „Heideböcke", einem innovativen Kulturverein, die so ihren neuen „Heidebock" küren. Der „Heidebock" wird seit 1955 gewählt und ist das männliche Gegenstück zur bekannten Heidekönigin, die bereits seit 1949 gewählt wird. Den Abschluss der Festwoche bildet die Wahl der Heidekönigin auf dem Kronsberg. Von hier aus hat man einen fantastischen Blick auf die schöne Heidelandschaft. Auf dem Kronsberg befindet sich auch der Heidschnuckenstall, das Winterquartier der Heidschnucken. Bei schönem Sommerwetter kann man sich wie eine Heidekönigin fühlen und auf dem „Königinnen-Weg" durch die Kronsbergheide wandern. Die erste Heidekönigin war übrigens Gerad Halpap im Jahr 1949. Eine der berühmtesten Heideköniginnen ist die 1990 gewählte Jenny Elvers (heute Elvers-Ebertzhagen). Die Heidekönigin präsentiert für ein Jahr die Samtgemeinde Amelinghausen und die Region Lüneburger Heide bei zahlreichen Veranstaltungen in ganz Deutschland. Als erste Amtshandlung fährt sie mit beim Festumzug mit geschmückten Wagen durch Amelinghausen.

- Tourist-Information Amelinghausen, Marktstraße 1, 21385 Amelinghausen
  www.heidebluetenfest.com
- ÖPNV: Busbahnhof Amelinghausen

Wie Dornröschen auf Rosen

65

Baden und saunieren in Lüneburg

Wer möchte sich nicht einmal wie auf Rosen gebettet fühlen? In der SaLü Salztherme kommt man diesem Traum ganz nah. Im Rosentepidarium, einem Wärmeraum der Siederei, lässt es sich auf körpergeformten und beheizten Steinliegen im römischen Stil angenehm relaxen. Bei 35 Grad Lufttemperatur, dezenter Hintergrundmusik und dem zarten Duft nach Rosen kommt man schnell ins Träumen. Es ist der perfekte Ort für einen verregneten Sommertag oder natürlich im Herbst und Winter, um sich mal wieder richtig durchzuwärmen. Die 900 Quadratmeter Sauna- und Wellnesswelt mit fünf Saunen, Aufgusszeremonien, Massage und Wellnesslandschaft und dem Heide-Dampfbad sind wunderschön gestaltet. Die warmen Farben und Naturmaterialien holen die Heidelandschaft von draußen nach drinnen. Der Kamin-Ruheraum bietet mit Rattansesseln und Polsterliegen eine loungeartige Atmosphäre. Der Blickfang hier ist das große Meerwasser-Aquarium mit Korallenfischen. Die Badewelt wurde vollständig renoviert und im Herbst 2021 neu eröffnet. Ganz neu ist das „Wasserviertel" als Herzstück im Erlebnisbad. Hier gibt es eine Salzwelle mit Strandauslauf, die Lüner Bucht und das Heidemoor zur Entspannung. Ein neues Highlight ist das Baumhaus mit zwei Riesenrutschen.

TIPP

Südsee Camp in Wietzendorf mit Indoor-Spaßbad und Badesee mit Sandstrand.

Bereits im 16. Jahrhundert empfahl der berühmte Arzt Paracelsus (1493–1541) als einer der ersten Ärzte die Sole als Mittel gegen Hautkrankheiten. In der Sole in Lüneburg ist man also gut aufgehoben. Die Salztherme, am 24. April 1992 eröffnet, ist mit einer Fläche von 8300 Quadratmetern einschließlich 1685 Quadratmetern Wasserfläche Norddeutschlands größtes teilüberdachtes Erlebnisbad. Das Wasser in den sieben verschiedenen Becken des SaLü ist angenehm warm und hat einen bis zu vier Prozent hohen Gehalt an Lüneburger Natursole, der die Stadt auch ihren Reichtum zu verdanken hat. Draußen vor dem SaLü steht im Kurpark das Gradierwerk mit vielen Bänken davor. Salzhaltiges Wasser fließt hier über Schwarzdorn-Reisig und versprüht feine Soletröpfchen, was besonders gut bei Atemwegsproblemen hilft.

● SaLü, Uelzener Str. 1-5, 21335 Lüneburg
www.salue.info/salue/de

● ÖPNV: Bus 5011, Haltestelle Postamt oder Uelzener Straße, Bus 5003 und 5007, Haltestelle Soltauer Straße (Kurzentrum)

Der schönste Blick

66

Wasserturm Lüneburg

Einen wunderschönen Blick auf die Dächer der mittelalterlichen Gebäude Lüneburgs hat man von der 56 Meter hohen Aussichtsplattform des Wasserturms. Romantisch wird es besonders in den Sommermonaten Juli und August, da die Aussichtsplattform dann jeden Freitag bis Sonnenuntergang geöffnet ist und im Foyer Getränke verkauft werden. Bei gutem Wetter reicht die Sicht bis zu 40 Kilometer in die Lüneburger Heide, nach Uelzen und nach Hamburg.

Der Wasserturm wurde am 12. November 1907 in Betrieb genommen. Damals benötigte die Stadt eine moderne Trinkwasserversorgung, woraufhin ab 1905 auf den Resten der mittelalterlichen Stadtbefestigungsanlage ein Wasserturm errichtet wurde. Richard Kampf, der damalige Stadtbaumeister, entwarf die Skizze für den Turm, der von Architekt Franz Krüger umgesetzt wurde. Der Tank fasste ein Volumen von 500.000 Litern, und das Wasser wurde von hier aus in das Leitungsnetz der Stadt Lüneburg eingespeist.

Im Jahr 1985 wurde der Wasserturm stillgelegt, und der Verfall begann. 1998 erwarb der Trägerverein Wasserturm Lüneburg den Turm und begann die Sanierung. Seit dem Jahr 2000 strahlt er in neuem Glanz und dient als Aussichtsturm, Ausstellungs- und Veranstaltungsort. Heute steht er unter Denkmalschutz. Ein Fahrstuhl fährt den Besucher nach oben, aber es lohnt sich, die Treppe nach unten zu benutzen, da man durch den alten Wassertank laufen und auf verschiedenen Etagen die Ausstellung besichtigen kann. Sogar ein Standesamt ist im Wasserturm untergebracht.

In der Adventszeit gibt es ein besonderes Highlight: Seit 2007 wird auf dem Wasserturm der höchste Adventskranz Deutschlands aufgebaut, der Wichern-Adventskranz, der weithin sichtbar über der Stadt Lüneburg schwebt. Begleitend dazu gibt es auch den Adventskalender eines Lüneburger Künstlers. Der Wichern-Adventskranz soll an den Gründer der modernen Diakonie Johann Hinrich Wichern erinnern, der den Adventskranz berühmt machte.

- Wasserturm Lüneburg, Bei der Ratsmühle 19, 21335 Lüneburg
  www.wasserturm.net
- ÖPNV: Bus 5009, 5300, 5015, Haltestelle Am Sande

Loris mal ganz handzahm

67

Weltvogelpark Walsrode

Gleich mehrere spannende Orte findet man im Vogelpark. Wer immer schon mal einen Lori auf der Hand haben und füttern wollte, hat dazu die Chance in der Kontaktvoliere „Toowoomba". Die Papageien lassen sich hier mit kleinen Schälchen voller Nektar anlocken. Spannend wird es auf dem „Jungle-Trail". Hier begibt man sich direkt in den Regenwald Indonesiens. Der Ort wurde zusammen mit der indonesischen Regierung als Projekt der EXPO 2000 verwirklicht. In dem Regenwaldhaus fliegen über 80 Vogelarten aus dem südasiatischen Raum zwischen Originalbauten wie einem Toraja-Haus aus den Bergen Sulawesis oder einer balinesischen Tempelmauer umher. Schön ist auch das Kolibri-Haus mit den kleinsten Vögeln der Welt.

Seit 2012 gilt das Haus als weltweit einmaliges Kompetenzzentrum, um das Verhalten der bunten Vögel zu erforschen. Auch für Gartenliebhaber ist der Weltvogelpark ein schöner Ort, ist er mit seinen 24 Hektar doch eine der größten und schönsten Parklandschaften Norddeutschlands. Im Frühling blühen 120 Arten Rhododendren im Rhododendrontal, im Sommer duften über 70 Rosensorten auf dem Gelände. Ein Spaziergang macht hier besondere Freude, kann aber schon mal gut und gerne vier bis sechs Stunden dauern. Für Kinder ist der Abenteuerspielplatz mit Klettertürmen, Riesenrutschen, Seilbahnen und Schaukeln das Highlight. Am Imbiss gibt es Pommes frites, Wurst und Eis. Aber auch die Vogelbaby-Aufzucht-station im Park ist herzallerliebst für Jung und Alt. Ein Erlebnis sind immer wieder die Flugvorführungen auf der Freilichtbühne. Neben Flügen von Adlern und Falken kann man hier auch Papageien, Pelikane oder Laufenten in der Luft beobachten. Der Weltvogelpark ist wirklich der weltgrößte Vogelpark mit einem Gelände von 240.000 Quadratmetern, auf dem etwa 4200 Vögel in ca. 675 Arten von allen Kontinenten der Erde leben. 1962 wurde er von dem Walsroder Kaufmann Fritz Geschke als Zuchtstation von Fasanen und Wasservögeln eingerichtet. Sein Schwiegersohn, Wolf W. Brehm, hat den Park in den 1970er-Jahren stark ausgebaut.

TIPP

Die Niedersächsische Mühlenstraße mit 90 Mühlen in der Lüneburger Heide.

- Weltvogelpark Walsrode, Am Vogelpark, 29664 Walsrode
www.weltvogelpark.de
- ÖPNV: Bahnhof Walsrode, Bus 51, Haltestelle Oerbke Gillweg

Shopping mit Altstadtflair

68

Die Große Bäckerstraße in Lüneburg

Besonders in der Weihnachtszeit ist es immer wieder ein Erlebnis, durch die Altstadt und die Hauptgeschäftsstraße Lüneburgs, die Große Bäckerstraße, zu schlendern. Aber auch im Sommer ist sie mit netten Straßencafés die Flaniermeile Nummer eins. Die Große Bäckerstraße verbindet zusammen mit der Kleinen Bäckerstraße die beiden wichtigsten Plätze Am Markt und Am Sande. Allein in ihr finden sich 28 Baudenkmäler. Besonders schön sind das Gebäude der Alten Rathsapotheke in der Großen Bäckerstraße 9 sowie die Wohn- und Geschäftshäuser 30 und 33 mit ihren schönen alten Giebeln. In der Großen Bäckerstraße findet man die Filialen bekannter Modeketten, aber auch das aus dem letzten Jahrhundert stammende Lederwarengeschäft „Böttgers“ mit Geschenkartikeln und Dekorationsgegenständen. Die Große Bäckerstraße ist Lüneburgs Flaniermeile schlechthin und galt einst als der Ku'Damm der Stadt.

TIPP

Kuhstraße mit kleineren und besonderen Läden, wie dem Geschäft Käse Hensel für Käseliebhaber.

Bereits 1306 wurde die Große Bäckerstraße als „Platea pistorum“ urkundlich erwähnt. Im Jahr 1431 wurde sie unterteilt in Große und Kleine Bäckerstraße. Einst waren hier viele Bäckereien ansässig, woher sie ihren Namen trägt. Aus dieser Zeit stammt auch die Figur eines Bäckergesellen am Giebel des Hauses Nummer zwei. Der Sage nach gilt er als der Held, da er in der blutigen Ursula-Nacht im Jahr 1371 die 22 Anhänger des Herzogs Magnus Torquatos erschlagen haben soll, um für die Selbständigkeit Lüneburgs zu kämpfen. Noch in den 1960er- Jahren war sie die Hauptverkehrsstraße Lüneburgs, durch die sich täglich rund 800 Fahrzeuge und 5000 Fußgänger drängten. 1965 wurden zuerst die Kleine Bäckerstraße und 1968 dann auch die Große Bäckerstraße verkehrsberuhigt. 2018 feierte sie ihr 50-jähriges Bestehen als Fußgängerzone mit einer eigenen Serie in der Lüneburger Landeszeitung. Heute ist sie die beliebteste Einkaufszone Lüneburgs.

- Große Bäckerstraße, 21335 Lüneburg
- ÖPNV: Bus 5009, 5300, 5015, Haltestelle Am Sande

ustus Cordes
WERKHAUS
ONLY
Glockenhaus

Geschichtsträchtiger Ort

69 Hof der Heidmark und der Liethwald

Außer dem idyllischen Flüsschen Böhme hat Bad Fallingbostel noch etwas zu bieten: den Liethwald, einen großen Buchenwald mit steilen Abhängen zur Böhme hinab. Besonders im Herbst erlebt man einen ganz eigenen Zauber. Hier liegt auch der Hof der Heidmark, gleichermaßen Gedenkstätte und Museum. Der Hof ist ein Fachwerkhaus aus dem Jahr 1642 mit einem alten Treppenspeicher und einem Nebengebäude, in dem Waren gelagert wurden und die Knechte schliefen. Im Treppenspeicher befindet sich die Heimatstube Rummelsburg mit Sammlungen zum Tuchmachergewerbe, Erzeugnissen von bäuerlichen Webstühlen und von der Jagd im Kreis Rummelsburg. Die charakteristischen Treppenspeicher findet man überall in der Lüneburger Heide. Der Hof der Heidmark erinnert an die ursprünglich 21 Orte in der Ostheidmark, die in den 1930er-Jahren dem Truppenübungsplatz Bergen weichen mussten. Hierbei wurde der Bookholtshof, eines der ältesten Anwesen, als „Hof der Heidmark" an die Gedenkstätte nach Bad Fallingbostel versetzt. In dem Hauptgebäude, dem Hallenhaus, finden heute Veranstaltungen statt. Außerdem ist eine Ausstellung zur Gründung des Truppenübungsplatzes zu sehen.

TIPP

Für alle Motorfans: Quad Fun Cruisertour über Feldwege von Bad Fallingbostel Richtung Soltau.

Der Liethwald bietet sich an für ausgiebige Wanderungen auf dem Hirschgeweih- oder Freudenthal-Wanderweg. Im Wald befindet sich mit herrlichem Blick ins Böhmetal auch ein Denkmal zu Ehren des Heimat-Schriftstellers August Freudenthal, der in Bad Fallingbostel geboren wurde. Die Freudenthal-Route führt bis in den Tietlinger Wachholderhain und zum Grab von Hermann Löns, also von Heimatschriftsteller zu Heimatschriftsteller. Nach einem Spaziergang im Liethwald ist ein erfrischender Glücksort im Sommer das Lieth-Freibad Bad Fallingbostel. Es liegt etwas versteckt direkt im Wald an der Böhme und am Kurpark. Das Bad ist solarbeheizt, also auch in einem nicht so schönen norddeutschen Sommer durchaus nutzbar. In der Caféteria gibt es alles an Leckereien, was Herz und Magen an einem Sommertag begehren.

- Hof der Heidmark, Soltauer Straße 21, 29683 Bad Fallingbostel und Lieth-Freibad, Soltauer Straße 26, 29683 Bad Fallingbostel
- ÖPNV: Bahnhof Bad Fallingbostel, dann Bus 511, Haltestelle Bad Fallingbostel Michelsenstraße (plus 5 Min. Fußweg)

Ein Naturwunder in der Heide

70

Die Schwindequelle in Soderstorf

Am Wasser zu sein bedeutet immer ein bisschen Glück. Und man muss nicht weit reisen, sondern erreicht schon bald eine sprudelnde Quelle in wunderschöner Umgebung.

Die Schwindequelle in Soderstorf ist etwas Besonderes. Mit 60 Litern pro Sekunde ist sie nach der Rhumequelle im Harz die zweitwasserreichste Quelle in Niedersachsen. Sie steht seit 1936 unter Naturschutz. Hier sieht man das Wasser aus dem Quelltopf sprudeln und kleine Sandfontänen aufwirbeln. Ringsherum sind rötliche Eisenoxide und türkisfarbene Manganoxide abgelagert. Ein schönes Farbenspiel. Das Wasser hat im Sommer wie im Winter eine Temperatur von neun Grad und friert nie zu, was besonders für die Tiere im Winter wichtig ist. Geradezu verwunschen ist der Ort mit seinen Laubbäumen im Herbst, wenn alles in bunten Farben leuchtet. Ein kleiner Spaziergang entlang des Flusslaufes lohnt sich immer.

Von der Schwindequelle aus kann man auch herrlich in der Schwindebecker Heide wandern, zum Beispiel zum Feldherrenhügel mit schönem Ausblick. Bis in die 1990er-Jahre wurde dieses Gebiet noch militärisch genutzt, dann aber revitalisiert.

Ein weiteres lohnenswertes Wanderziel sind das Luhetal und die Wassermühle Soderstorf. Durch das Sammeln von Stempeln auf der Wegstrecke erreicht man ganz nebenbei sein Heidediplom und erfährt Wissenswertes über die Lüneburger Heide. Die Mühle gehört zur Niedersächsischen Mühlenstraße. Im Haupthaus von 1848 sind heute Ferienwohnungen untergebracht. Gelegentlich wird sie an Mahl- und Backtagen und bei Mühlenfesten in Gang gesetzt.

Eine schöne Gelegenheit zum Ausruhen bietet das Café zur Schwindequelle. Von hier aus starten auch Kutschfahrten in die Schwindebecker Heide. Täglich gibt es frische, selbstgebackene Kuchen und Torten oder auch ein umfangreiches Frühstück als Start für eine ausgiebige Wanderung. Im Sommer sitzt man gemütlich im Garten und zur kalten Jahreszeit im Kaminzimmer. Die Quelle ist nur 300 Meter entfernt.

- Zur Schwindequelle, 21388 Soderstorf, Parkplatz direkt an der Schwindequelle. Und Café zur Schwindequelle, Zur Schwindequelle 19, 21388 Soderstorf www.cafe-zur-schwindequelle.de
- ÖPNV: Bahnhof Lüneburg ZOB, dann Bus 5700, Haltestelle Schwindebeck (plus 5 Min. Fußweg)

chwindebachquelle
n und Fakten:
weitgrößte Quelle Niedersachsens
ter Naturschutz seit 1936
mperatur ca. 9 Grad
ewässergüteklasse II (gering belastet), sauerstoffarm
d eisenhaltig
tspringt auf einer Wasserfläche von 30 m²
asserabfluss ca. 60 Liter pro Sekunde
Europa fördert
Niedersachsen
EUROPÄISCHE UNION

Viktorianisches Puppenhaus

71

Wieder Kind sein im Spielmuseum Soltau

Hier gibt es gleich mehrere Orte, die an das Glück der Kinderzeit erinnern. Für die Männer und Jungs sind es vielleicht die Spielzeugautos und Eisenbahnen, für die Mädchen und Frauen die Puppen, Puppenstuben und Teddybären. Das Spielmuseum in Soltau ist ein ganz besonderes Ziel für alle. Es zeigt Spielzeug aus fünf Jahrhunderten auf einer Fläche von 900 Quadratmetern. Das älteste Stück ist aus dem Jahr 1647. Das Schöne ist, hier darf nicht nur alles angesehen werden, sondern man kann Spiele auch ausprobieren. In vielen Räumen gibt es Mitmachstationen mit Baukästen, Bilderbüchern und Spielen für die Geschicklichkeit und Fantasie. Deshalb braucht man viel Zeit für einen Besuch. Das Highlight im Museum ist das große viktorianische Puppenhaus „Dingley Hall", das ab 1875 von zwei Bankierssöhnen, Isaak und Laurence Currie, im Alter von acht und zwölf Jahren gestaltet wurde, nachdem die kleine Schwester verstorben war. Es ist drei Meter lang und zwei Meter hoch und besteht aus 15 Räumen, 52 Puppen und mehr als 1000 Teilen. Man kann stundenlang davorstehen und entdeckt immer neue Details. Das Museum in Soltau hat es 2003 von Christie's in London ersteigert. Neben Puppen, Puppenhäusern, Kaufläden gibt es Eisenbahnen, Blech-, Papier- und Holzspielzeug sowie alte Gesellschaftsspiele und auch Laterna-Magica-Geräte zu entdecken. Ein Guckkasten zeigt in einer Bilderreise Europa um 1770, und auf der Veranda kann man sich selbst beim großen „Mensch ärgere Dich nicht!"-Spiel ärgern oder auch über den Sieg freuen. Das Museum ging ursprünglich aus einer privaten Sammlung der Soltauer Familie Ernst hervor und wurde 1984 im Rathaus gegründet. Seit 1988 befindet es sich im Ebelmeyerhaus, einem denkmalgeschützten Gebäude von 1830, welches dem Museum das passende Ambiente verleiht. Seit 2013 gibt es zusätzliche Räume in der Poststraße 15. Heute gehört es der Stiftung „Spiel: Historisches Spielzeug – innovative Spielräume".

- Spielmuseum Soltau, Poststraße 7, 29614 Soltau
  www.spielmuseum-soltau.de
- ÖPNV: Bahnhof Soltau (Han) (plus 10 Min. Fußweg)

Historisches Stadtfest

72

Die Lüneburger Sülfmeistertage

Wenn ein Fass über den Platz Am Sande rollt, ist es wieder so weit: Lüneburg feiert seine Sülfmeistertage und wählt seinen neuen Sülfmeister. Es ist das Highlight im Lüneburger Veranstaltungsjahr und zieht Tausende Besucher an. Mittelalterliche Klänge ziehen durch die Altstadt, Feuerschlucker und Gaukler begeistern die Zuschauer mit ihren Kunststücken, und Handwerker zeigen ihre Arbeitsweisen aus dem Mittelalter. Honigmet und leckere Fladen sorgen für das leibliche Wohl der Besucher. Bereits im Mittelalter wurde in Lüneburg ein Fest abgehalten, um einen neuen Sülfmeister zu wählen und dabei dessen Mut auf die Probe zu stellen. Der Begriff „Sülfmeister" bezeichnete dabei die Besitzer von Siedepfannen zur Salzgewinnung in der Lüneburger Saline. Heute muss der Gewinner keine Siedepfanne mehr besitzen, sondern durch Geschicklichkeit, Schnelligkeit und Mut überzeugen. Bei Wettspielen treten zur Erheiterung der Zuschauer verschiedene Teams gegeneinander an, wie zum Beispiel zum „Sülfmeister-Puzzle", Giebel-Memory und dem „Soletransport". Schon das Zuschauen macht Spaß: Bei der Solebeförderung steht das gesamte Team angeschnallt auf zwei Skiern und versucht Eimer mit Sole ohne Verluste ins Ziel zu bringen. Den Abschluss der Spiele bildet die Kopefahrt, wobei Kope ein alter Begriff für das Holzfass ist. Bei der Kopefahrt rollt jedes Team ein großes, mit Steinen gefülltes Kopefass durch die Straßen. Im Mittelalter handelte es sich hierbei um eine Art Initiationsritus und Mannbarkeitsritual zur Aufnahme neuer Sülfmeister ins Kollegium der Salzpfannenpächter. Der neu gewählte Sülfmeister hat heute die Aufgabe, zum Abschluss der Sülfmeistertage den großen Festumzug durch die Altstadt mit geschmückten Festwagen, Musikgruppen und Kostümen anzuführen. Das Fest endet mit der feierlichen Verbrennung des Kopefasses. Seit 2003 veranstaltet die Stadt Lüneburg die Sülfmeistertage, die immer am ersten Oktoberwochenende drei Tage lang gefeiert werden. Es ist ein riesiges Spektakel und unbedingt sehenswert.

● Sülfmeistertage in der gesamten Altstadt
www.lueneburg.info/de/lueneburger-suelfmeistertage
● ÖPNV: Bus 5009, 5300, 5015, Haltestelle Am Sande

LÜNEBURGER SÜLFMEISTERTAGE
VGH
LÜNEBURGER SÜLFMEISTERTAGE

Heidschnucken gucken

73 Schafstall in Schneverdingen

Ein kleiner Fußweg durch die Heide führt zum Schafstall, einem besonderen Ort für alle Tierliebhaber. Ein Blick ins Innere, und man ist entzückt. Denn hier tummeln sich im Frühling die jungen Lämmer. Ab und zu schaut ein besonders neugieriges über die Holzabsperrung. Von Ostern bis Oktober kann man hier täglich um 10.30 Uhr und 17.00 Uhr dem Schäfer beim Aus- und Eintrieb der Heidschnucken zusehen. Dies ist ein beliebtes Fotomotiv in der Heide. Wem das noch nicht reicht, der kann auch einen ganzen Tag mit dem Schäfer Günter Beuße buchen und mit ihm und seiner Herde verbringen. Der Schäfer wandert mit den Heidschnucken und den Besuchern rund zehn Kilometer durch die Heide und gibt ihnen so die Möglichkeit, viel Wissenswertes über die Tiere und seine Arbeit zu erfahren sowie mit den niedlichen, aber auch scheuen Tieren auf Du und Du zu sein. Wer kann schon eine Heidschnucke seinen Freund nennen? Start der Tour ist am Heidekiosk am Höpen, wo die Besucher auch ein Lunchpaket erhalten, um gestärkt auf die Wanderung mit dem Schäfer zu gehen. Hier lernt man, dass die Heidschnucke eine alte Landschafrasse und ein tierischer Landschaftspfleger ist. Ohne sie könnten die großen Heideflächen nicht erhalten werden. Der Name Heidschnucke kommt übrigens von „Schnökern" („Naschen"), weil sie Heidekraut, Gras und Wildkräuter zu ihren Lieblingsgerichten zählt. Früher waren die Tiere wichtige Woll- und Düngerlieferanten. Heute halten sie vor allem die in der Heide aufkommenden Gehölze und Gräser kurz. Vom Schafstall am Höpen starten in der Sommersaison regelmäßig Kutschfahrten durch die Heide. Und auch für das leibliche Wohl wird hier gesorgt, Wanderer und alle anderen Besucher bekommen einen leckeren Imbiss, Kaffee und Kuchen. Übrigens gibt es gleich noch einen Schafstall, und zwar den am Heidegarten, ein Restaurant in Schneverdingen. Dieser Schafstall wird im Frühling 2022 neu eröffnet und bietet neben regionalen Köstlichkeiten dann auch eine vegetarische und vegane Küche an.

● Schafstall, Heidekiosk am Höpen, Höpen 100, 29640 Schneverdingen und Restaurant Schafstall Schneverdingen, Overbeckstraße, 29640 Schneverdingen
● ÖPNV: Bahnhof Schneverdingen, Am Bahnhof, 29640 Schneverdingen, mit dem Bus 101 Richtung Ehrhorn, Haltestelle Höpen

Ort der Besinnlichkeit

74 Spannende Einsichten in das Kloster Lüne

Nur etwa 20 Minuten zu Fuß von der historischen Altstadt entfernt liegt in Lüneburg ein besonderer Ort der Stille: das Kloster Lüne, ein ehemaliges Benediktinerinnenkloster. Aber gar so still ist es hier dann doch nicht, denn das Kloster ist mit Leben gefüllt. Hier finden viele kulturelle Aktivitäten wie Führungen, Konzerte oder Vorträge statt. Eine besondere Veranstaltung für Kinder und Erwachsene sind die „Märchen-Wandelgänge". Eine Erzählerin geht mit den Besuchern an verschiedene Orte des Klosters und erzählt wunderschöne alte Märchen. Das Restaurant „Café im Kloster" mit dem schönen Kaffeegarten an der Streuobstwiese lädt nach dem Besuch von Kloster und Museum zum Verweilen ein. Und wenn der norddeutsche Wind mal wieder kräftig bläst, findet man im Café immer ein nettes Sitzplätzchen vor dem Kaminofen und kann die schöne Decke von 1648 bestaunen. Ein herrlicher Ort mit einer Vielzahl an Düften ist der Kräutergarten mit seinem Wasserlauf gleich am Eingangstor des Klosters. Sehenswert sind auch die Eingangshalle mit dem über 600 Jahre alten gotischen Brunnen, dem Handstein sowie der Kreuzgang mit seinen farbigen Glasfenstern. Berühmt wurde das Kloster auch durch seine Wirk- und Stickereiarbeiten, die ältesten stammen aus der Zeit von 1250. Anzusehen sind sie im Museum für sakrale Kunstschätze, das 1995 auf dem Gelände des Klosters eröffnet wurde. Vor dem Kloster gibt es eine Weberei, die sich moderner textiler Gestaltung widmet.
Das Kloster wurde 1172 von Hildeswidis von Markboldestorp gegründet. Nach einem Großbrand im Jahr 1372 wurde es in Backsteingotik wieder aufgebaut. 1420 waren Klausurviereck und Klosterkirche fertiggestellt, die bis heute ihr mittelalterliches Gesicht bewahrt haben. In den darauffolgenden Jahrzehnten gelang es dem Kloster, seinen Besitz zu vermehren. So besaß es große Anteile an der Lüneburger Saline. Noch heute gut erhalten sind die Kirche von 1412, der Nonnenchor und der ehemalige Schlafraum, das Dormitorium. Seit der Reformation lebt im Kloster ein evangelischer Konvent unter der Leitung einer Äbtissin.

- Kloster Lüne, Am Domänenhof, 21337 Lüneburg
www.kloster-luene.de
- ÖPNV: Bahnhof Lüneburg, dann Bus 5007, Haltestelle Lüneburg Lüner Weg

Wandeln im Englischen Garten

75 Breidings Garten in Soltau

Mitten in der Soltauer Innenstadt befindet sich etwas versteckt hinter Mietshäusern ein wirkliches Idyll, was vor allem im Sommer viele Besucher anzieht. Breidings Garten ist ein Landschaftspark, der ab 1850 nach englischem Vorbild angelegt wurde. Heute steht er unter Denkmalschutz. Auf dem zwölf Hektar großen Gelände wandelt man zum Beispiel in der Lindenallee wie in einem hochherrschaftlichen Garten aus längst vergangener Zeit. Jeden Augenblick erwartet man Hufgetrappel oder eine Pferdekutsche mit königlicher Herrschaft, die um die Ecke biegt. Am zentralen Punkt des Parks steht die alte Villa im italienischen Stil. Heute wird der Außenbereich der Terrasse für Veranstaltungen wie Musikaufführungen oder Sommerfeste genutzt und bringt damit Leben in dieses schöne Fleckchen Erde. Der schönste Platz im Garten ist am großen Teich mit seinem Springbrunnen und mit Blick auf die Villa. Hier steht eine künstliche Burgruine mit einer versteckten Sitzbank und Seeblick. Ein ganz romantischer Ort für Verliebte. Die Burgruine wurde 1870 errichtet. Auch ein Nutzgarten mit Obstwiese und Gärtnerei gehören zur Anlage.

Der Garten wurde vom Soltauer Unternehmer August Röders, Gründer der Firma Carl Breiding & Sohn, angelegt. Die Firma stellte erfolgreich Bettfedern und Filz her. Da das Unternehmen 2005 Konkurs anmeldete, wurde auch der Garten nicht weiter gepflegt. Er sollte zum Teil dem Wohnungsbau weichen. Um dies zu verhindern und das kleine Paradies zu retten, gründeten Bürger 2007 den Verein Breidings Garten e.V. Bei der Zwangsversteigerung erhielt die neu gegründete Stiftung den Zuschlag. Von März bis Oktober bietet der Verein jeden zweiten Sonntag im Monat kostenlose fachkundige Spaziergänge durch die Gartenanlage an. Besonders schön ist der Garten im Mai, wenn die zahlreichen Riesen-Rhododendren blühen. Um langfristig den Unterhalt der Gartenanlage zu sichern, ist geplant, eine Jugendherberge auf dem Gelände zu erbauen.

● Breidings Garten, Breidingsgarten 5, 29614 Soltau
www.breidings-garten.de
● ÖPNV: Bahnhof Soltau (Han) (15 Min. zu Fuß)

Ein Märchenschloss

76 Hundertwasserbahnhof Uelzen

Reisen an sich macht schon glücklich, gilt es doch, ferne Ziele zu entdecken. Der Uelzener Bahnhof ist also im doppelten Sinne ein Glücksort. Von hier aus starten Züge in die Ferne, und der Bahnhof selbst ist mit seinen bunten Türmchen und Verzierungen ein echtes Märchenschloss. Er wurde ursprünglich von Baumeister Hubert Stier entworfen und 1887 in Betrieb genommen. Im Zuge der Weltausstellung EXPO 2000 entwickelte der Verein „Bahnhof 2000 Uelzen e.V." ein Konzept, welches die Umgestaltung des heruntergekommenen Bahnhofs zu einem Umwelt- und Kulturbahnhof vorsah. Dafür wurde der österreichische Künstler Friedensreich Hundertwasser gewonnen und der Bahnhof nach seinen Vorgaben schließlich von 1998 bis 2000 umgebaut. Heute erscheint der Bahnhof immer wieder in der Liste der 30 schönsten Bahnhöfe der Welt, bei der – je nach Liste unterschiedlich – auf den ersten Plätzen die Bahnhöfe in Antwerpen (Belgien), Dunedin (Neuseeland) und Helsinki (Finnland) stehen. Der Bahnhof ist nicht nur ein Kunstwerk, sondern auch ökologisch sehr modern. Auf den Dächern wachsen Gras und Pflanzen, und dort befindet sich auch die größte dachintegrierte Photovoltaikanlage Niedersachsens, die umweltfreundlichen Strom aus Sonnenenergie erzeugt. Friedensreich Hundertwasser wurde übrigens als Friedrich Stowasser am 15. Dezember 1928 in Wien geboren. Er starb kurz nach Fertigstellung des Uelzener Bahnhofs am 19. Februar 2000 im Pazifischen Ozean an Bord der Queen Elizabeth II. und liegt in Neuseeland begraben. Der Uelzener Bahnhof war eines seiner letzten Projekte. Er wurde am 25. November 2000 feierlich eingeweiht. Neu dazugekommen ist im Jahr 2004 am Fuß einer Treppe ein Wandbrunnen, nach einem Entwurf des Künstlers Hans Muhr, der hierfür aber typische Elemente von Hundertwasser übernommen hat. Der Brunnen trägt den Namen „Hundertwasser-Brunnen". Der Verein „Bahnhof 2000 Uelzen e.V." bietet interessante Führungen durch den Bahnhof an, die über die Internetseite gebucht werden können.

- Hundertwasser Bahnhof, Friedensreich-Hundertwasser-Platz, 29525 Uelzen
www.hundertwasserbahnhof.de
- ÖPNV: Bahnhof Uelzen

Glück liegt in der Luft

77 Das Viola's – Lüneburgs Welt der Gewürze

Kann man sich Glück kaufen? Bei „Viola's" in der Grapengießerstraße 22, mitten in der Lüneburger Altstadt, in gewisser Weise schon. Hier gibt es eine „Viel Glück"-Gewürzmischung, eine „Glücksbrot"-Teigmischung und zum Jahresende auch Glücksschweine und Hufeisen.

Die Produkte werden in einer Hamburger Manufaktur seit 20 Jahren gemischt. Die Gründerin ist Viola Fuchs, die aus einer Wiesbadener „Gewürzfamilie" stammt, denen die Manufaktur „Gewürz Müller" gehört. Im Jahr 1948 eröffneten Karl Müller und seine Frau Helene das erste Geschäft. Die Enkelin folgte der Familientradition 1997 mit einem eigenen Gewürz- und Delikatessladen in Hamburg.

Schon beim Betreten des Ladens werden Feinschmecker und Hobbyköche glücklich, riecht es doch nach Gewürzen und anderen Leckereien. Das Team um Inhaberin Melanie Engel präsentiert in Lüneburg eine immense Vielfalt an Gewürzen und Delikatessen von allen Kontinenten. Die Gewürze kommen zum Beispiel aus Indien, wie Curry, Kurkuma und Koriander, aus der Türkei oder Arabien und Thailand.

Neben Gewürzen aus aller Welt gibt es auch Pasta und Nudeln sowie schöne Geschenkideen: zur Hochzeit, für Verliebte, als Dankeschön oder einfach als Mitbringsel. Das Geschäft selbst ist bereits ein echter Hingucker, denn die Gewürzmischungen leuchten in allen Farben. Was kann man in einer Salzstadt wie Lüneburg besser kaufen? Natürlich Salz!

Hier findet man Mischungen wie „Auf gute Nachbarschaft", „Butter bei die Fische" oder natürlich auch das „Viel Glück"-Salz, das man immer brauchen kann und das jedem Gericht die perfekte Würze gibt.

Schon im Mittelalter waren Gewürze in Europa sehr begehrt. Sie wurden nicht nur zum Würzen, sondern auch zum Konservieren und der Herstellung von Arzneimitteln verwendet und galten als prestigeträchtige Statussymbole. Entdecker machten sich auf Routen nach Indien, China und Indonesien auf die Suche. Durch die 1612 von den Engländern gegründete „East India Company" kamen Gewürze aus Indien in größeren Mengen nach Europa.

● Viola's, Grapengießerstraße 22, 21335 Lüneburg
www.violas.de
● ÖPNV: Bus 5009, 5300, 5015, Haltestelle Am Sande

Frohes Fest
VIOLAS' Backmischung
Glücksbrot
Guten Appetit!
VIOLAS'
GEWÜRZE & DELIKATESSEN
Viel Glück
Würzmischung aus Meersalz
Inhalt: 90 g
Viel Glück
100% Handarbeit

Zu Gast bei Eliese

78 Museumsbauernhof Wennerstorf

Auf einem Bauernhof in einem Café sitzen und hausgebackenen Kuchen essen wie zu Urgroßmutters Zeiten – in dem alten Bauerngarten findet jeder sein Lieblingsplätzchen. Besonders begehrt ist der alte Trecker. Immer von Mai bis Oktober lässt es sich in Elieses Hofcafé im Kaffeegarten mit einer Einrichtung aus den 1930er-Jahren gut aushalten. Oft spielt dazu passende Musik von Heinz Rühmann oder den Comedian Harmonists.

Die Eliese, nach der das Hofcafé benannt wurde, gab es übrigens wirklich. Es handelte sich hierbei um Eliese Bock, die bis in die 1940er-Jahre Bäuerin auf dem „Smedshoff", dem heutigen Museumsbauernhof, war. Sie soll eine begeisterte Köchin gewesen sein und oft die Hochzeitsfeiern in den umliegenden Dörfern mit ihrem Essen ausgestattet haben. Heute gibt es hier für die Gäste Bioland-Torten und -Butterkuchen.

Der Museumsbauernhof ist eine der ältesten Hofanlagen im Landkreis Harburg (Niedersachsen) und trug ursprünglich den Namen „Smedshoff". Sein Haupthaus wurde Mitte des 16. Jahrhunderts erbaut. Seit 1997 ist er Museum und eine Außenstelle des Freilichtmuseums am Kiekeberg. Hier kann man sehen, wie eine Bauernfamilie um 1930 lebte und arbeitete. Die Wohnräume sind wie früher eingerichtet, landwirtschaftliche Geräte und Haustierrassen aus jenen Jahren sind ebenfalls zu bewundern. Ein weiterer Glücksort, neben dem Café, ist der Hofladen mit seiner historischen Einrichtung. Hier werden die Produkte des Museumsbauernhofes verkauft: Gemüse, Äpfel, Apfelsaft, selbstgekochte Marmelade, Brot und Milchprodukte. Ein Spaziergang lohnt sich durch den Bauerngarten. Im Sommer wachsen ganz romantisch Stockrosen und andere Staudenpflanzen wie Rittersporn und Mohnblumen sowie Heilpflanzen wie der Schwarzkümmel. Ein Tipp sind die Wennerstorfer Apfeltage im Oktober. Hier kann man frisch gepflückte Äpfel, Apfelkuchen und Apfelsaft kaufen, aber auch seine eigenen Äpfel aus dem Garten bestimmen lassen, wenn man sich nicht mehr erinnert, was für eine Sorte man selbst oder der Vorgänger mal gepflanzt hat. Der Museumsbauernhof ist heute anerkannter Bioland-Betrieb.

- Museumsbauernhof Wennerstorf, Lindenstraße 4, 21279 Wenzendorf
  www.museumsbauernhof.de
- ÖPNV: Bahnhof Neu Wulmstorf, dann Bus 4038, Haltestelle Mienenbüttel Bundesstraße

Besuch bei den TV-Stars

79 Wildpark Lüneburger Heide in Hanstedt

Durch die Sendung „Wolf, Bär & Co." wurde der Wildpark Lüneburger Heide im Fernsehen bekannt. Der Ort eignet sich aber auch fantastisch, um sich eine kleine Auszeit in der Natur zu gönnen. Insgesamt gibt es mehr als 1200 Tiere aus 140 Tierarten im Wildpark Lüneburger Heide. Fast alle in Deutschland vertretenen Wildtiere sind hier versammelt. Zusätzlich gibt es alte Haustierrassen wie zum Beispiel den Poitou-Esel oder die Girgentana-Ziegen. Der Höhepunkt aber sind die zwei Kamtschatka-Zwillingsbrüder-Bären Wanja und Misho. Sie stammen ursprünglich aus der Zucht von Hagenbecks Tierpark in Hamburg und leben nun im Wildpark in der Lüneburger Heide. Ein Spaziergang durch den Park bei frischer Waldluft macht an sich schon glücklich, ein besonders schöner Ort ist die Elchlodge, die man nach etwa der Hälfte des großen Rundgangs erreicht. Im Sommer sitzt man hier gemütlich auf der Terrasse mit toller Aussicht auf den Park, im Winter brennt das Feuer im Holzkamin. Bayrische Speisen wie Germknödel mit Mohn und Vanillesauce tragen hier zum persönlichen Glück bei. Das Gebäude wurde von einem Spezialisten in kanadischem Baustil gebaut. Im Jahr 2019 wurde der „Heide Himmel", ein Baumwipfelpfad, neu eröffnet. Damit hat der Wildpark Lüneburger Heide einen weiteren Glücksort bekommen. Der Aussichtsturm befindet sich auf 40 Metern Höhe. Von hier schweift der Blick in die Gehege von Luchs und Wölfen und in die Ferne bis nach Hamburg. Der Turm steht auf dem Drei-Ahnen-Berg, der selbst schon auf 100 Metern über Normalnull liegt, wodurch die Höhe noch spektakulärer wird. Der Aussichtsturm ist barrierefrei und hat auch einen Fahrstuhl. Von oben hat man die ultimative Sicht über die wunderschöne Lüneburger Heide. Für Kinder sind der Abenteuer- und Wasserspielplatz sowie die Streichelecke mit den Ziegen die Nummer eins im Park. Von hier sind sie kaum mehr fortzubekommen. Und wer sich vom Wildpark gar nicht mehr trennen kann, hat die Möglichkeit, im urtypischen Schäferwagen im Schäferdorf zu übernachten.

● Wildpark Lüneburger Heide, Wildpark 1, 21271 Hanstedt
www.wild-park.de

● ÖPNV: Bus 5200, 4207, Haltestelle Nindorf (Hanstedt) Wildpark Lüneburger Heide

Immer etwas Besonderes

80 Hof Oelkers in Wenzendorf

Schneewittchentorte, Buchweizenkuchen, Mohn- oder Eierlikörtorte und viele andere leckere Sorten machen den Hof Oelkers zum absoluten Glücksort für Kuchenliebhaber und andere Feinschmecker. Der Hof ist eigentlich für etwas anderes fast weltweit bekannt geworden, und zwar für seine große Weihnachtsbaumproduktion. Jährlich werden hier bis zu 250.000 Bäume gefällt. Damit gehört der Familienbetrieb zu den größten Weihnachtsbaumproduzenten Deutschlands. Auf dem Land der Familie stehen rund drei Millionen Nadelbäume. Ab November herrscht hier Hochsaison, bis zu 10.000 Bäume werden täglich für Privat- und Großkunden gefällt und verpackt. Die Bäume vom Hof Oelkers gehen zum Beispiel an das Königshaus der Niederlande, an den Roten Platz in Moskau, auf öffentliche Plätze in Paris oder sogar nach Malaysia. Ab Anfang November verwandelt sich das ganze Hofgelände in einen Weihnachtsbaumwald mit Glühwein und Kinderpunsch und einem stimmungsvollen Weihnachtsbaum- und Weihnachtsdekorationsverkauf.

Doch nicht nur in der Weihnachtszeit lohnt sich ein Besuch. Im Frühling und Sommer werden unter anderem Spargel, Erdbeeren und Heidelbeeren verkauft. Den Hofladen mit seinem großen Sortiment an regionalen Produkten vom Schinken aus Hollenstedt, Kartoffeln aus der Lüneburger Heide oder sogar Wildspezialitäten sollte man immer einplanen. Die Speisen werden stets frisch und lecker zubereitet. Der Hof ist Mitglied im Verein „Regionale Esskultur Lüneburger Heide", der regionale Kochkunst und regionale Produkte fördert. Kinder können auf dem großen Spielplatz mit eigener Kartbahn spielen, und es gibt eine schöne Restaurant-Außenterrasse für die Erwachsenen. Der Hof Oelkers bietet auch ein großes Veranstaltungsprogramm an vom Spargelbüffet über Hoffeste, Themenabende und Musikveranstaltungen. Im April findet auf dem Gelände zum Beispiel die Haus & Garten Welt – Messe mit regionalen Produkten statt. Ein Geheimtipp ist übrigens der Klauenburger Brunch jeden ersten und dritten Sonntag im Monat von 10 bis 13.30 Uhr.

- Hof Oelkers, Klauenburg 6, 21279 Wenzendorf
  www.hof-oelkers.de
- ÖPNV: Bahnhof Buchholz, dann Bus 4037, Haltestelle Wenzendorf/ Unter den Eichen

Oelkers
Spezialitäten aus
unserer Hofküche
HOF
Oelkers
deutsche
Erdbeeren

Bibliografische Informationen der Deutschen Nationalbibliothek
Die Deutsche Nationalbibliothek verzeichnet diese Publikation in der Deutschen Nationalbibliografie; detaillierte bibliografische Daten sind im Internet über http://dnb.d-nb.de abrufbar.

2. Auflage 2022
Konzeption/Satz: Droste Verlag, Düsseldorf
Einbandgestaltung und Illustrationen: Britta Rungwerth, Düsseldorf, unter Verwendung von Bildern von © Fotolia.com: jd - photodesign.de; © iStock: Plociennik Robert
Fotos: Carola Siedhoff, außer:
S. 11: Heide Park Resort, 2018; S. 19: © Lüneburger Heide GmbH; S. 33: © Deutsches Salzmuseum; S. 39: © Soltau Therme; S. 49: © Montagnetto Iserhatsche; S. 51: © Udo Kruse - stock.adobe.com; S. 59: Aquadies Egestorf; S. 63: © Bispingen-Touristik e.V.; S. 67: © Jonathan Sachau; S. 69: © Maik Richter - stock.adobe.com; S. 71: © Museum Lüneburg; S. 77: © Hof Ellenberg; S. 87: © Arbeitsgemeinschaft Verkehrsfreunde Lüneburg e.V. (Das Bild zeigt unseren GDT 0518 auf unserer Eisenbahnstrecke, der Bleckeder Kleinbahn.); S. 95: © Kunststätte Bossard; S. 99: © Barfußpark Egestorf; S. 111: © Serengeti Park Hodenhagen (Tierwelt_Elefantenbulle-Tonga); S. 127: © Stiftung Spiel; S. 133: © Susanne Menke; S. 135: © Karoline Biermann; S. 137: © 4RAW Hamburg, im Auftrag der Kurzentrum Lüneburg Kurmittel GmbH erstellt; S. 141: © Weltvogelpark Walsrode; S. 149: © Spielmuseum Soltau; S. 165: © Wildpark Lüneburger Heide

FSC www.fsc.org
MIX
Papier aus verantwortungsvollen Quellen
FSC® C011279

Druck und Bindung: LUC GmbH, Greven
ISBN 978-3-7700-2090-4

www.droste-verlag.de